Lösungen

Strategien 1 – Hilfen beim Rechtschreiben

Seite 6

1 b) und c) die Pappel: Ich erkenne an Begleitwörtern, ob es sich um ein Nomen handelt.
die Mitternacht: Ich schlage im Wörterbuch nach.
die Fledermäuse: Ich suche ein verwandtes Wort.
die Bisamratten, still: Ich nutze mein Wissen über die Schreibung von betonten langen und nach kurzen Vokalen. / Ich spreche das Wort deutlich Silbe für Silbe aus.
rührt: Ich wende die Regel für das Dehnungs-*h* an.
der Mond: Ich verlängere das Wort.

d) Ich schlage im Wörterbuch nach.

Seite 7

1 a) und b) Bei die-sem Satz musst du sehr ge-nau hin-se-hen und ver-su-chen,
je-des ein-zel-ne Wort zu ent-de-cken.

2 b) Tu-schel-ku-schel-bett, Zu-schel-de-cken,
bu-schel-mu-scheln, ru-schel-flu-scheln

Seite 8

3 a) und b)

Wörter mit betontem langem Vokal	Wörter mit betontem kurzem Vokal
er kam	der Kamm
der Schal	der Schall
der Riese	die Risse
lahm	das Lamm
die Bude	buddeln
der Wal	der Wall

Seite 9

1 b) Manz, Hatte, die Antwort, der Rat, hier,
Das, das Lachen

Seite 10

1 c) Das: Satzanfänge werden großgeschrieben.
Manz: Namen werden großgeschrieben.
die Antwort: Nomen werden großgeschrieben.
das Lachen: Nominalisierungen werden großgeschrieben.
der Rat: Ein Dehnungs-*h* nach betontem langem Vokal steht nur vor den Buchstaben *l*, *m*, *n* oder *r*.
hier: Ein Wort mit betontem langem *i* schreibt man mit *ie*. Es ist kein Lernwort mit einfachem *i*.
hatte: Hört man nach einem betonten kurzen Vokal nur einen Konsonanten, dann wird dieser meist verdoppelt.

Seite 11

1 täglich: der Tag, die Tagung, tage
säubern: sauber, die Sauberkeit
die Freude: freuen, freudig, die Freudigkeit
läuten: laut, die Laute, der Laut
die Hähne: der Hahn
bezeugen: das Zeugnis, der Zeuge
schädlich: der Schaden, schaden, schade
der Räuber: rauben, der Raub

2 a) die Wände – die Wand, rätselhaft – raten,
verkäuflich – der Kauf, der Läufer – laufen,
die Beute – erbeuten, tatsächlich – die Sache,
erneut – die Neuigkeit, häuslich – das Haus,
die Kräuter – das Kraut

b) bauen

Seite 12

3 a) und b) die Bedeutung: die Richtung
die Sauberkeit: die Fröhlichkeit, die Heimlichkeit
die Krankheit: die Gesundheit, die Schönheit
das Ergebnis: das Geheimnis, das Hindernis
die Freundschaft: die Mannschaft, die Erbschaft
das Brauchtum: das Wachstum, der Reichtum

4 a) und b) sonnig – witzig, neidisch – launisch,
ratsam – erholsam, haltbar – sichtbar,
traumhaft – schreckhaft

AF201971

1

Seite 13

1 das Kind, hebt, der Hund, der Sand, endlich

2 ↗ s. Tabelle 1 unten

Seite 14

2 a) Zum Glück kam eine Karawane vorbei. Einer der Reisenden schrieb mein Aufsatzheft voll. Es ist ein sagenhafter Aufsatz: spannend und nur wenige Rechtschreibfehler. Hoffentlich kann der Deutschlehrer die arabische Schrift entziffern.

b) ↗ s. Tabelle 2 unten

Seite 15

2 die Welt, die Sache, das Messer, ließ

3 c) das Obstmus, pürieren

Übungen – Groß und Kleinschreibung

Seite 16

1 a) bekannt, allen, der Fenstersims, jemand, ärgert, grün, blau, die Erfolglosigkeit, neidisch, bessere

2 a) Es ärgert den Pfingstspatz, dass sein *Bemühen* nicht geschätzt wird. / Manchmal denkt er, es wäre das *Beste*, den Job an den Nagel zu hängen. / Er findet, dass die Menschen offen für etwas *Neues* sein sollten.

Seite 17

1 a) und b)

EINE REISE IN DIE VERGANGENHEIT

WER SCHON IMMER EINMAL ZU DEM URSPRUNG DER WELT REISEN WOLLTE, KANN DAS NUN IM *UNIVERSUM SCIENCE CENTER* IN *BREMEN* TUN. MAN MUSS NUR DIE KINNLADE SCHLIEßEN,

Nomen	Adjektive	Verben
der Berg – die Berge der Rat – die Räte das Hemd – die Hemden das Werk – die Werke	gelb – gelber grob – gröber bunt – bunter stark – stärker wild – wilder	es schneit – es schneite sie stand – sie standen er fragt – fragen er lag – liegen es schlägt – schlagen

Tabelle 1 zu Seite 13, Aufgabe 2

Artikel	Possessivpronomen	Mengenangaben	Adjektive	Nomen
eine				Karawane
	mein			Aufsatzheft
ein			sagenhafter	Aufsatz
		wenige		Rechtschreibfehler
der				Deutschlehrer
die			arabische	Schrift

Tabelle 2 zu Seite 14, Aufgabe 2 b)

(DEN) VERSTAND EINSCHALTEN UND SICH

GUT FESTHALTEN. (EIN) RIESENFAHRSTUHL

VERSETZT EINEN IN (DAS) WELTALL.

WÄHREND AN (DEN) FENSTERN (DIE) STERNE

VORBEIFLIEGEN, HAT MAN (DAS) ZIEL,

EHE MAN SICH VERSIEHT, ERREICHT:

(DEN) BEGINN (DER) WELT.

c) die Vergangenheit, dem Ursprung, der Welt, die Kinnlade, den Verstand, ein Riesenfahrstuhl, das Weltall, den Fenstern, die Sterne, das Ziel, den Beginn, der Welt

d) Die umkreisten Wörter sind *Artikel*.

Seite 18

3 Ich stehe **im** Fahrstuhl.
Eine leise Musik wird **zur** Einstimmung gespielt.
Beim Start wird mir kurz schwindelig.

5 a) (sein) (erfolgreicher) Roman, (viele) (begeisterte) Leser, (ein) (riesiger) Erfolg, (eine) (moderne) Zeit-maschine, (andere) Welten, (unser) (toller) Planet, (der) (nachdenkliche) Wissenschaftler, (wenige) Antworten, (eine) (große) Geschwindigkeit

b)

Artikel	Possessivpronomen	Mengenangaben	Adjektive	Nomen
	sein		erfolgreicher	Roman
		viele	begeisterte	Leser
ein			riesiger	Erfolg
eine			moderne	Zeitmaschine
		andere		Welten
	unser		toller	Planet
der			nachdenkliche	Wissenschaftler
		wenige		Antworten
eine			große	Geschwindigkeit

Seite 19

7 a) Als ich wieder zu mir kam, saß ich unter (einer) EICHE (im) GRAS und hatte (eine) (herrliche), (weite) LANDSCHAFT ganz für mich allein – fast allein. Ganz für mich hatte ich sie nicht, denn vor mir STAND (ein) KERL zu Pferd und sah auf mich HERUNTER. Er sah aus, als wäre er GERADE eben einem Bilderbuch entsprungen. Er STECKTE von Kopf bis Fuß in (einer) (altertümlichen) EISENRÜSTUNG, auf dem Kopf hatte er (einen) HELM, der aussah wie ein Nagelfässchen mit Schlitzen darin; dazu trug er (einen) SCHILD, (ein) SCHWERT und (eine) (ungeheuer) (große) LANZE; sogar (sein) PFERD hatte (einen) PANZER an – (ein) HORN aus Stahl RAGTE von der Stirn des Tieres vor, und eine PRÄCHTIGE rot und grün gemusterte Seidenschabracke HING wie eine Bettdecke RINGSUMHER bis fast (zum) BODEN.

b) einer Eiche; im Gras; eine herrliche, weite Landschaft; ein Kerl; einer altertümlichen Eisenrüstung; einen Helm; einen Schild; ein Schwert; eine ungeheuer große Lanze; sein Pferd; einen Panzer; ein Horn; zum Boden

c) *So könnte deine Lösung lauten:*
Die folgenden Nomen geben einen Hinweis darauf, dass er vor einem **Ritter** steht: das England des 6. Jahrhunderts, das Pferd, eine Eisenrüstung, ein Helm, ein Schild, ein Schwert, eine Lanze, ein Panzer, ein Horn, eine Seidenschabracke

Seite 20

1 a) und c) Suchst du etwas <u>Sonniges</u>? / Oder ist dir das <u>Abtauchen</u> wichtiger? / Steht bei dir das <u>Entdecken</u> im Vordergrund? / Oder ist dir etwas <u>Einsames</u> lieber? / Bei uns findest du immer das <u>Richtige</u>!

2 a) *So könnte deine Lösung lauten:*
Das Schwimmen ist meine Leidenschaft. / Das Tauchen macht mir Freude. / Das Faulenzen macht mir Spaß. / Das Fotografieren ist meine Lieblingsbeschäftigung.

b) *So könnte deine Lösung lauten:*
Tiere im Zoo zu streicheln, gefällt mir. Das Streicheln der Tiere im Zoo ist immer wieder ein schönes Erlebnis. / Ich lese gerne Comics. Das Lesen von Comics interessiert mich sehr. / Ich spiele am liebsten im Garten. Das Spielen im Garten ist meine Lieblingsbeschäftigung. / Ich tanze gerne. Das Tanzen macht mir Spaß. / Ich telefoniere gerne stundenlang. Das stundenlange Telefonieren gefällt mir.

Seite 21

4 b) und c) Emily, die Lieblingskatze einer amerikanischen Familie, gelangte eines Tages beim <u>Herumstreunen</u> in einem Papiercontainer an Bord eines Frachters. Erst beim <u>Ausladen</u> in Europa wurde die kleine Katze entdeckt. Dank einer Marke an ihrem Halsband war das <u>Auffinden</u> ihrer Familie keine Schwierigkeit. Das <u>Heimkehren</u> war dann wesentlich bequemer als das <u>Wegfahren</u>: Emily wurde gratis von einer Fluggesellschaft heimgeflogen.

5 a) beim Segeln, segelt / landet, beim Landen / beim Stolpern, stolpert

b) *So könnte deine Lösung lauten:*
Schlange in Mülltonne gefunden! Mutter erschrickt beim Finden der Schlange!
Dringend Arbeit für Koch gesucht! Koch verzweifelt beim Suchen von Arbeit!
Andrang beim Verkaufen! Händler verkauften ihre Waren auch am Sonntag!
Beim Stehlen erwischt! Kind stiehlt Kette für den Muttertag!
Beim Bauen gepfuscht! Arbeiter bauten ein Haus ohne Fenster!

Seite 22

1 b) das Besondere, etwas Ruhiges, alles Wichtige, etwas Gemütliches

2 a) und b) allem <u>Alten</u>, das <u>Gewöhnliche</u>, etwas <u>Neues</u>, etwas <u>Ungewöhnliches</u>

Seite 23

4 Nichts für Faule! Träumen Sie von einer Reise um die Welt!
Lust auf etwas Abenteuerliches? Machen Sie Ferien im Baumhaus!
Träumen Sie vom Unmöglichen? Buchen Sie Ihren Urlaub auf dem Mond!

5 Die Gruppe gelangte zu einer *einsamen* Insel. So etwas *Einsames* hatten sie lange gesucht.
Für den Urlaub kaufte sie sich etwas *Neues*.
Sie legte sich *neue* Wanderschuhe zu.
Die *alte* Kamera ließ er zu Hause, denn das *Alte* hatte ihn schon immer gestört.
Sie hatte den *schönsten* Bikini und fühlte sich wie die *Schönste* am Strand.
Damit er nichts *Wichtiges* vergaß, schrieb er alle *wichtigen* Dinge auf eine Liste.

Seite 24

1 a) aufmerk<mark>sam</mark> – acht<mark>sam</mark>, Spann<mark>ung</mark> – Stimm<mark>ung</mark>, sonn<mark>ig</mark> – wend<mark>ig</mark>, Krank<mark>heit</mark> – Mehr<mark>heit</mark>, energ<mark>isch</mark> – kämpf<mark>erisch</mark>, Mann<mark>schaft</mark> – Freund<mark>schaft</mark>, Genauig<mark>keit</mark> – Kleinig<mark>keit</mark>, traum<mark>haft</mark> – zauber<mark>haft</mark>, Wag<mark>nis</mark> – Ergeb<mark>nis</mark>

2 *So könnte deine Lösung lauten:*
Traumhaft sonnig wird der Sommer! / Dänemarks Mannschaft zeigt sich energisch und kämpferisch! / Donate ist bekannt für ihre Genauigkeit. / Den jungen Spieler einzuwechseln, war ein Wagnis. / Liebe Schulkinder, seid achtsam und wendig im Straßenverkehr! / Männer, seid aufmerksam und schenkt eurer Frau eine Kleinigkeit zum Fest! / Eine zauberhafte Stimmung beim Spiel der Berliner Bären! / Das Ergebnis: Die Schule fällt aus!

Seite 25

1 a) – d)

Wortfamilie 1: bildhaft, die Bildung, bilden

Wortfamilie 2: die Krankheit, kränklich, krank

Wortfamilie 3: ärgerlich, das Ärgernis , ärgern

Wortfamilie 4: feindlich, die Feindschaft,
               der Feind

Wortfamilie 5: säuberlich, die Sauberkeit,
               sauber

3 die Trennung, der Reichtum, die Schönheit, die Kindheit, die Frechheit, die Eitelkeit, das Brauchtum, die Botschaft, die Zeugung / das Zeugnis

Seite 26

5 b) und c) die Heiterkeit, die Sicherheit, die Erfindung, die Leidenschaft, die Kundschaft, die Einstellung, die Freiheit, die Leitung, die Besorgnis, die Gleichung, die Gemeinschaft, das Ergebnis

6 Erfindung, Heiterkeit, Einstellung, Ergebnis

Seite 27

1 b) und c) der Ursprung – ursprünglich,
das Ende – endlich,
das Abenteuer – abenteuerlich,
die Kost – köstlich

2 sonnig, kindlich/kindisch, austauschbar, schrecklich/schreckhaft, neidisch, sorgsam, pünktlich, zauberhaft, endlich, zahlbar, herrlich/herrisch, fleißig

Seite 28

4 a) und b) Jetzt endlich pünktlich

am Arbeitsplatz!

Ein sonderbares Flugobjekt gesichtet

Zu gewinnen: sagenhaftes Traumhaus

Wie unheimlich: Geister in englischem Schloss!

Macht Geld geizig?

Superstar ist einsam und traurig

Teste dich! – Groß- und Kleinschreibung

Seite 29

1 Präposition + bestimmter Artikel, bestimmter Artikel, Mengenangabe, Mengenangabe, unbestimmter Artikel + Adjektiv, bestimmter Artikel

2 a) DU REIST GERNE? DANN IST EIN REISETAGEBUCH GENAU DAS RICHTIGE! DAFÜR REICHT EIN EINFACHES SCHREIBHEFT, DAS DU IMMER BEI DIR TRÄGST. ALLES, WAS DU BEIM REISEN ERLEBST, KANNST DU DORT NOTIEREN. DAS AUFSCHREIBEN KANN DIR HELFEN, ÜBER ALLES WICHTIGE NOCH EINMAL NACHZUDENKEN. ZUHAUSE ANGEKOMMEN, HILFT DIR DEIN REISETAGEBUCH BEIM ERINNERN. DAS EINFACHSTE IST: PROBIERE ES SELBST EINMAL AUS!

b) das Richtige, beim Reisen, das Aufschreiben, alles Wichtige, beim Erinnern, das Einfachste

3 kuschelige, eine Erfindung, amerikanische, wirklich, sonderbaren, die Besonderheit, die Umarmungen, eine Umarmung, fröhlich, flauschigen

Auswertung der Testergebnisse

1, 2 a) und b): pro richtiger Antwort 1 Punkt
3 a) und b): pro richtiger Antwort ½ Punkt

28–24 Punkte

Bei der Groß- und Kleinschreibung bist du schon ziemlich sicher. Bearbeite die Übungen auf S. 31, damit sich dein Wissen und Können festigt.

23–15 Punkte

Das war schon ganz gut. Lies die Merkkästen zur Groß- und Kleinschreibung noch einmal aufmerksam durch. Bearbeite anschließend die Übungen auf S. 30. Wenn sie dir keine Schwierigkeiten bereiten, kannst du auf S. 31 weiterüben.

14–0 Punkte

Du musst die Groß- und Kleinschreibung noch trainieren. Überprüfe, in welchen Bereichen du noch Fehler machst. Sieh dir die entsprechenden Bereiche des Kapitels noch einmal genau an. Bearbeite anschließend die Übungen auf S. 30. Auf S. 66–80 findest du weitere Tipps, wie du gezielt an deinen Fehlerschwerpunkten arbeiten kannst.

Wiederholen und vertiefen – Groß- und Kleinschreibung

Seite 30

1 b) *So könnte deine Lösung lauten:*
die Tasche, ihre Freude, schöne Menschen, viele Freunde

2 a) und b) Das Taxi fuhr schnell und erreichte den Flughafen pünktlich. / Im Buchladen kauften sie sich etwas Lustiges für die Reise. / Vor dem Schalter mussten sie dann lange warten. / Sie blätterten in einer Zeitschrift, um das Warten abzukürzen. / Das Starten und das Landen waren beim Fliegen wie immer unangenehm.

3 a) die Erklärung, das Bildnis / die Bildung, die Achtung, die Vermutung, die Kundschaft, die Gemeinschaft / die Gemeinheit

b) erklärbar/erklärlich, bildlich/bildsam, achtsam/achtbar, vermutlich, kundig, gemeinsam

Seite 31

1 die Forscher, der Garten, der Wandschrank, völligen, im Laufe, die Richtung, der Befehl, hellem

2 *So könnte deine Lösung lauten:*
1 Jeder Mensch *empfindet* eine Zeitspanne unterschiedlich.
2 Bei einer Untersuchung haben Forscher etwas herausgefunden, was *interessant* ist.
3 Es ist *bemerkenswert*, dass ein und dieselbe Zeitspanne für Kinder langsamer vergeht als für Erwachsene.

Übungen – Schreibung von betonten langen Vokalen

Seite 32

1 a) fegen, Schn**ee**stürme, K**u**gel, l**ie**gt, Schn**ee**, vergr**a**ben, Schn**ee**stürme, eg**a**l, w**ie**der, schl**ie**ßt, **A**tem, N**a**se, gefr**ie**rt, k**üh**l

c) ↗ s. Tabelle unten

Seite 33

1 a) ohne langen Vokal: die Robben, der Lachs, das Wasser, die Pranke
mit langem Vokal: die Eisbären, die Füße, die Minuten, der Nordpol

b) Eisbären, Leben, Nordpol, Minuten, Füße

2 a) und b) *So könnte deine Lösung lauten:*
der Fuß: leichtfüßig, Fußball
schlafen: der Schlaf, schläfrig, verschlafen, der Siebenschläfer
hören: zuhören, hörbar, verhören, der Zuhörer

Seite 34

1 a) der Fahrer, lehrreich, die Aufzählung

b) und c) zählen, fahren, Lehre

2 a) – c) *So könnte deine Lösung lauten:*

die Bohne, die Zahl, zählen, das Wohl, wählen,

der Stuhl, stehlen, das Rohr, rühmen

Seite 35

4 a) und b) waagerecht: jährlich,

der Ruhm, die Uhr, der Strahl, strahlen / die Strahlen, wohnen, nehmen

senkrecht: die Zahl, mehr, die Nahrung, kühl, die Höhle, die Zähne

5 *So könnte deine Lösung lauten:*
der Stuhl – die Stühle, fahren – die Fähre, die Gefahr – gefährlich, lohnen – die Löhne, das Jahr – jährlich, der Ruhm – berühmt, zahm – zähmen

Seite 36

1 a) Nicht in die Wortreihen passen: sehr, die Vase, das Tor.

b) Die übrigen Wörter haben einen Doppelvokal.

2 a) und b)

aa	*ee*	*oo*
das Paar die Waage	das Meer die See	die Zoos das Boot

c) *So könnte deine Lösung lauten:*
das Paar: der Paarhufer, das Hochzeitspaar, der Paartanz, …
die Waage: die Waagschale, die Küchenwaage, die Wasserwaage, …
die See: der Seegang, der Seemann, der Seeblick, das Seebad, das Seebeben, die Seefahrt, …
der Zoo: der Zoobesuch, die Zoohandlung, der Zoowärter, …
das Boot: das Fischerboot, die Bootsfahrt, der Bootsmann, …

Einfacher Vokal	Dehnungs-*h*	Doppelvokal	*ie*
fegen die Kugel vergraben egal der Atem die Nase	kühl	die Schneestürme der Schnee die Schneestürme	liegt wieder schließt gefriert

Tabelle zu Seite 32, Aufgabe 1 c)

Seite 37

1 c) und d) *ie:* verschiedene, die, sie,
die Adelie-Pinguine, dient, viel, vier,
das Gefieder
ih: ihnen, ihren
ieh: losziehen
i: die Pinguin-Arten, die Kaiserpinguine,
die Minuten, die Adelie-Pinguine, die Kilometer,
die Pinguin-Mamas

Seite 38

3 der Sieg – die Niederlage, der Zwerg – der Riese,
wenig – viel, böse – lieb, der Start – das Ziel,
der Krieg – der Frieden, hoch – tief

4 *So könnte deine Lösung lauten:*
lieben: die Liebe, lieblich
schließen: schließlich, die Schließung,
verschließen
siegen: der Sieg, siegreich, der Sieger
spielen: das Spiel, der Spieler, verspielt

5 die Mieter, die Sieger, eine Lieferung

6 raten – ich riet, laufen – ich lief, halten – ich
hielt, rufen – ich rief, bleiben – ich blieb

7 das Telefon – telefonieren, das Programm –
programmieren, die Kontrolle – kontrollieren,
der Marsch – marschieren, die Frisur – frisieren,
die Korrektur – korrigieren

Seite 39

8 a) und b)

Lebensmittel	Tiere
die Margarine, die Apfelsine, die Olive	der Biber, der Igel, der Tiger, das Krokodil

c) die Fabrik, die Gardine, die Kabine, das Kino,
die Maschine, die Musik, der Termin

9 Motorenkraftstoff: das Benzin / Teil des Auges:
das Lid / Meeressäugetier: der Delfin /
Arzneimittel: die Medizin / verfallenes Gebäude:
die Ruine / Flusspferd: Nilpferd

10 ihrem, ihr, ihren, ihrem, ihr, ihm, ihrem, ihrer,
ihren, ihre, ihrem

Teste dich! – Schreibung von betonten langen Vokalen

Seite 40

1 leben, mehr, sehr, spät, ungefähr, ihr, haben,
schlafen, ohne, wohnen, während, müde, raten,
wahrscheinlich, gerade, schaden, führen,
fühlen, wegen, kleben

2 das Moos, der Zoo, leer, die Beere, der Saal,
der Schnee, das Paar, der Klee, das Haar,
der Tee

3 Durch die Abgeschiedenheit der Antarktis gibt
es dort viele Tierarten, die sonst nirgendwo
existieren. / In kälteren Klimaregionen sind
Tiere derselben Art durchschnittlich größer. /
Die Kaiserpinguine sind mit 120 cm die größten
ihrer Art.

4 a) und b) vermutet, die Seeleute, das Gebiet,
umkehren, die Gegenden, riesige, leben,
die Tiere

Auswertung der Testergebnisse

1–3: pro richtiger Antwort ½ Punkt
4 a) und b): pro richtiger Antwort 1 Punkt

35–29 Punkte
Bei der Schreibung von betonten langen
Vokalen bist du schon ziemlich sicher. Bearbeite
die Übungen auf S. 42, damit sich dein Wissen
und Können festigt.

28–20 Punkte
Das war schon ganz gut. Lies die Merkkästen
zur Schreibung von betonten langen Vokalen
noch einmal aufmerksam durch. Bearbeite
anschließend die Übungen auf S. 41. Wenn sie
dir keine Schwierigkeiten bereiten, kannst du
auf S. 42 weiterüben.

19–0 Punkte
Du musst die Schreibung von betonten langen
Vokalen noch trainieren. Überprüfe, in welchen
Bereichen du noch Fehler machst. Sieh dir die
entsprechenden Bereiche des Kapitels noch
einmal genau an. Bearbeite anschließend die
Übungen auf S. 41. Auf S. 66–80 findest du weitere Tipps, wie du gezielt an deinen Fehlerschwerpunkten arbeiten kannst.

Wiederholen und vertiefen – Schreibung von betonten langen Vokalen

Seite 41

1 a) Liebe Oma! Wie geht es dir? Mir geht es gut. Gestern haben Mama, Papa und ich einen Ausflug in den Zoo unternommen. Bei den Raubtieren haben mir die Tiger am besten gefallen. Aber ich fand auch die Hasen süß. Wusstest du eigentlich, dass Biber mit ihren spitzen Zähnen Bäume fällen können? Mittags haben wir uns in einem Restaurant eine kleine Pause gegönnt. Mama und Papa haben sich einen Kaffee bestellt, ich wollte aber lieber eine kühle Cola. Nachdem wir noch die Bewohner der Meere in ihren Aquarien besucht hatten, war es bereits so spät, dass wir uns auf den Heimweg machen mussten. Viele liebe Grüße deine Lisa

b)

Einfacher Vokal	Dehnungs-*h*	Doppelvokal	*ie*
die Oma, dir, mir, gut, haben, der Ausflug, den, die Tiger, die Hasen, süß, die Biber, wir, aber, die Cola, nachdem, die Aquarien, besucht, so, spät, der Heimweg, die Grüße, Lisa	geht, ihren, die Zähne, kühle, die Bewohner	der Zoo, der Kaffee, die Meere	liebe, wie, die Raubtiere, die, lieber, viele

c) *So könnte deine Lösung lauten:*
Die Oma fährt mit dem Motorrad. / Ilja geht es nicht gut, weil er Zahnweh hat. / Der Zoo hat am Montag geschlossen. / Raubtiere lieben ihre Freiheit.

Seite 42

1 *So könnte deine Lösung lauten:*
Ich singe ein Lied. Ich schließe das Lid.
Viele Boote gibt es am Hafen zu sehen. Der Bote hat ein Paket gebracht.
Wer die Wahl hat, hat die Qual. Der Wal ist ein Säugetier.
Du hast dich schon wieder bekleckert! Wider Erwarten schoss er das Tor.
Das Mahl war köstlich! Es war das einzige Mal, dass sie zu spät kam.

2 der Ziegenkäse, das Kilo, die Mandarinen, die Clementinen, die Kiwis, die Radieschen, der Liter, der Himbeersirup, der Grieß

3 *So könnte deine Lösung lauten:*
Kahn, kahl, Wahl, Wohl, Kohl
Wabe, Wade, Made, Mode, müde
Moor, Mohr, Mohn, Hohn, Hahn

**Übungen – Schreibung
nach betonten kurzen Vokalen**

Seite 43

1 a) und b), 2 a) und b) das Kopftuch,

die Piratenflagge, die Augenklappe,

der Schrecken, die Schatzkiste, das Piratenschiff

Seite 44

1 a) und b) die Insel, die Küste, der Sand,

der Hafen, der Mast, das Segel, das Meer,

das Ruder, das Boot, der Dolch, die Kiste,

die Nacht, der Säbel, das Gold

c) Es folgen zwei oder mehr verschiedene
Konsonanten.

2 Nacht, Insel, Sand, Gold, Kiste, Küste,
Dolch, Mast

Seite 45

1 das Schiff – das Riff – der Pfiff
die Rolle – die Wolle – die Knolle
die Mitte – die Bitte – die Sitte
das Kissen – der Bissen – das Wissen

2 a) – c) Männern, Alltag, allem, Essen, denn,

Lebensmittel, begann, schimmeln, Ratten,

angeknabbert, Hauptnahrungsquelle, Wasser,

schnell, allerdings, litten, schlimmen

Seite 46

4 a) und b) *So könnte deine Lösung lauten:*
ff: offen, der Koffer, ...
mm: kommen, der Kamm, die Kammer, ...
nn: kennen, die Sonne, die Tanne, die Kanne,
die Tonne, ...
ss: die Kasse, der Kessel, der Sessel, fassen, ...
tt: die Kette, das Bett, die Sitte, bitten, ...

5 *So könnte deine Lösung lauten:*
-rett-: retten, die Rettung, das Rettungsboot,
rettungslos, die Rettungsmannschaft, ...
-kenn-: die Kenntnis, erkennen, verkennen,
bekennen, das Bekenntnis, ...
-mess-: die Messung, vermessen, das Messer,
messerscharf, ...

Seite 47

1 a) und b)
ck: der Schrecken, entdecken, versteckt,
das Deck
tz: die Plätze, die Besatzung, nützlich,
die Schatzsuche

2 a) und b) das Deck – der Fleck – der Speck;

backen – packen – hacken;

spitz – der Sitz – der Witz

Seite 48

4 a) und b) *So könnte deine Lösung lauten:*
der Stecker: das Versteck, die Steckdose, ...
packen: die Packung, verpacken, einpacken, ...
sitzen: der Sitz, die Sitzung, das Sitzkissen, ...
der Platz: platzieren, der Parkplatz,
der Sitzplatz, zerplatzen, ...

6 das Akkordeon, die Makkaroni, der Akkusativ,
die Skizze, der Mokka, die Pizza

**Teste dich! – Schreibung nach betonten
kurzen Vokalen**

Seite 49

1 Nach einem betonten kurzen Vokal stehen
meist *zwei oder mehr verschiedene* Konsonanten.
Hört man nach einem betonten kurzen Vokal
nur *einen* Konsonanten, so wird dieser meist
verdoppelt.

2 unter, immer, Piratinnen, wanderte, der Anwalt,
lernte, der Seemann, kennen, zusammen,
segelten, allerdings, unterstützte

3 der Wecker, die Spritze, die Schnecke, die Pizza

Auswertung der Testergebnisse

1: pro richtig ergänztem Satz 1 Punkt
2: pro richtiger Antwort ½ Punkt
3: pro richtiger Antwort 1 Punkt

12–11 Punkte

Bei der Schreibung nach betonten kurzen Vokalen bist du schon ziemlich sicher. Bearbeite die Übungen auf S. 51, damit sich dein Wissen und Können festigt.

10–7 Punkte

Das war schon ganz gut. Lies die Merkkästen zur Schreibung nach betonten kurzen Vokalen noch einmal aufmerksam durch. Bearbeite anschließend die Übungen auf S. 50. Wenn sie dir keine Schwierigkeiten bereiten, kannst du auf S. 51 weiterüben.

6–0 Punkte

Du musst die Schreibung nach betonten kurzen Vokalen noch trainieren. Überprüfe, in welchen Bereichen du noch Fehler machst. Sieh dir die entsprechenden Bereiche des Kapitels noch einmal genau an. Bearbeite anschließend die Übungen auf S. 50. Auf S. 66–80 findest du weitere Tipps, wie du gezielt an deinen Fehlerschwerpunkten arbeiten kannst.

Wiederholen und vertiefen – Schreibung nach betonten kurzen Vokalen

Seite 50

1 b) und c)
das Jahrhundert, der Gasthof, die Karte, die Insel, der Junge, das Schiff, die Schatzsuche, der Koch, die Mannschaft

2 *So könnte deine Lösung lauten:*
ff: das Riff, das Schiff, hoffen, offen, treffen, betroffen, …
ll: sollen, die Knolle, die Kontrolle, wollen, toll, der Stollen, …
tt: der Ritter, bitter, die Sitte, die Bitte, die Mitternacht, die Ratte, …

3 *So könnte deine Lösung lauten:*
schlucken – der Schluck, fleckig – der Fleck, verstecken – das Versteck, glücklich – das Glück, die Bäckerei – backen, nützlich – der Nutzen, putzen – putzig, der Witz – witzig, der Schmutz – schmutzig, beschützen – der Beschützer

Seite 51

1 c) ungeduldig, verwilderten, der Ma**nn**, der Scha**tz**, das Blo**ck**haus, gefangen geno**mm**en, die Ste**ll**e

2 a) der Anfang, die Piratenflagge, das Messer, der Begriff, das Erkennungszeichen, der Totenkopf, der Schrecken, der Anblick

b) Anblick, Schrecken, Piratenflagge, Totenkopf, Messer, Erkennungszeichen, Begriff, Anfang

Übungen – Verzwickte Fälle der Rechtschreibung und Lernwörter

Seite 52

1 b) und c) glänzenden, Vermächtnis, gefährliche, Welt, Schwert, außer, Ratschlägen, Geschichtenerzählers, großen, Grenzen

Seite 53

1 die Hand (Pluralform: die Hände), krank (Steigerungsform: kränker), lobt (Infinitiv: loben)

2 a) liebt (lieben), sinkt (sinken), erklingt (erklingen), beklagt (beklagen)

3 a) die Schwerter – das Schwert, die Völker – das Volk, die Wälder – der Wald, die Zwerge – der Zwerg, die Diebe – der Dieb

b) *So könnte deine Lösung lauten:*
Diese Bild ist am schönsten. / Sein Schwert war verzaubert. / Der König sprach zu seinem Volk. / Im Wald kann man zurzeit Heidelbeeren sammeln. / Der Zwerg war ein guter Kämpfer. / Der Dieb ist noch immer auf der Flucht.

Seite 54

4 *So könnte deine Lösung lauten:*
lie**b**: Ich mag Schneewittchen lieber als die böse Stiefmutter.
lau**t**: Auf dem Weg zur Höhle sangen die Zwerge lauter, als die Waldtiere es ertragen konnten.

5 *So könnte deine Lösung lauten:*
tra**g**bar (tra**g**en), erlau**b**t (erlau**b**en), die Luf**t** (luf**t**ig), stündlich (die Stun**d**e), der Han**d**schuh (die Hän**d**e)

Seite 55

7 b) *So könnte deine Lösung lauten:*
der Berg – die Berge (Plural bilden), der Dieb – die Diebe (Plural bilden), unsterblich – sterben (Verwandtschaftsprobe), das Burgfräulein – die Burgen (Verwandtschaftsprobe), verliebt – verlieben (Infinitiv bilden), der Tag – die Tage (Plural bilden), die Möglichkeit – das Vermögen (Verwandtschaftsprobe), deutlich – deuten (Verwandtschaftsprobe), kostbares – die Kosten (Verwandtschaftsprobe), das Geschenk – schenken (Verwandtschaftsprobe), das Kleingeld – die Gelder (Verwandtschaftsprobe), klug – klüger (Steigerungsform bilden), schreibt – schreiben (Infinitiv bilden), der Rat – raten (Verwandtschaftsprobe), merkwürdige – merken (Verwandtschaftsprobe), bunt – bunter (Steigerungsform bilden), die Gestalt – gestalten (Verwandtschaftsprobe)

Seite 56

1 a) die Kälte – kalt, das Hemd, längst – lang, die Gläser – das Glas, die Wärme – warm, fremd, das Lächeln – lachen, ängstlich – die Angst, den Gänsen – die Gans, das Schäfchen – das Schaf, den Händen – die Hand

b) Hemd, Händen, längst, Gänsen, Gläser, Wärme

c) *So könnte deine Antwort lauten:*
Stephanie liebt es, in ferne Länder zu reisen. / Zieht euch warm an, um der Kälte zu trotzen. / Freunde können einem fremd vorkommen. / Ihr Lächeln erhellte den Raum. / Ängstlich kroch er in das Loch unter dem Haus. / Das Schäfchen zählt sich selbst in den Schlaf.

Seite 57

3 schlafen – du schläfst, er schläft; fangen – du fängst, er fängt; lassen – du lässt, er lässt; graben – du gräbst, er gräbt; vertragen – du verträgst, er verträgt

4 *So könnte deine Lösung lauten:*
-tanz-: tanzen, der Tänzer, der Tanz, tanzend, das Tanzpaar, …
-wahl-: wählen, die Wahlen, wählerisch, wählbar, verwählen, die Wahl, …

6 a) und b) der Bär, das Känguru, ähnlich, der März, das Mädchen, das Märchen, die Dämmerung, spät, die Träne, der Ärger, die Ähre, die Säge, das Geländer, der Lärm, der Käfer, fähig, schräg, die Krähe, die Strähne

Seite 58

7 *So könnte deine Lösung lauten:*
die R**äu**me – der R**au**m, h**äu**ten – die H**au**t, der L**äu**fer – l**au**fen, bl**äu**lich – bl**au**, die L**äu**se – die L**au**s, der K**äu**fer – k**au**fen, der R**äu**ber – r**au**ben, die F**äu**ste – die F**au**st

8 b) h**eu**te, B**eu**tel, tr**äu**mt (der Tr**au**m), t**eu**flisch, bet**äu**bt (t**au**b), eingez**äu**nt (der Z**au**n), die L**eu**te

Seite 59

1 die Hexe, experimentiert, die Mixturen, das Lexikon, extrem, mixt, extra, die Explosion, der Nixenteich, verflixt, die Hexe

2 exotisch, exportieren, die Praxis, experimentieren, die Nixen, das Examen

3 das Wachs, der Luchs, der Fuchs, der Ochse, wachsen, das Gewächs

Seite 60

1 b) der Vanillepudding, der Vollmond, der Völkerball, der Viehstall, der Vampirbiss, der Vogelkäfig, der Vulkanausbruch

c) Ein Spaziergang bei Vollmond ist ja so romantisch! / Julia verspeist genüsslich ihren Vanillepudding. / Simons Lieblingssportart ist Völkerball. / Ein Vulkanausbruch ist eine schwere Naturkatastrophe. / Die Rinder machen es sich nachts im Viehstall gemütlich. /

Unser Kanarienvogel zwitschert munter in seinem Vogelkäfig. / Ein Vampirbiss beschert einem auf grausige Weise Unsterblichkeit.

2 Verdacht, Vater, Vollmond, verbringen, verhindern, vorbereiten, verstecken

3 das Verbot, vorne, der Verein, vielleicht, brav

Seite 61

1 a) – c) die Großmutter, hieß, das Weißbrot, der Strauß, genießt, der Spaß, gefräßigen, der Gruß, heißen

d) der Strauß – die Sträuße, der Spaß – die Späße, der Gruß – die Grüße

2 *So könnte deine Lösung lauten:*
-süß-: die Süßigkeit, süß, versüßen, süßer, süßlich, …
-groß-: die Größe, großartig, der Großmarkt, größer, der Großvater, riesengroß, …

Seite 62

4 a) Straße, barfuß, stieß, süßer, heißt, vergaß, Großmutter

b) und c)

Infinitiv	1. Person Singular Präsens	3. Person Plural Präteritum
vergessen	ich vergesse	sie vergaßen
stoßen	ich stoße	sie stießen
essen	ich esse	sie aßen
verlassen	ich verlasse	sie verließen
gießen	ich gieße	sie gossen
beißen	ich beiße	sie bissen

Teste dich! – Verzwickte Fälle der Rechtschreibung und Lernwörter

Seite 63

1 König, bildhübsche, lieb, Gold, gab, Welt, krank, Tod, Braut, starb, das Volk, beklagte

2 *So könnte deine Lösung lauten:*
gefährlich – die Gefahr, die Mäuse – die Maus, säuerlich – sauer, aufräumen – der Raum

3 der Vulkan, der Vampir, das Ventil, vierzig, die Vorsicht

4 a) und b) goss, gießen / das Essen, aß / verließ, verlassen / die Maßen, messen

Auswertung der Testergebnisse

1, 4 a) und b): pro richtiger Antwort ½ Punkt
2 und 3: pro richtiger Antwort 1 Punkt

23–19 Punkte
Verzwickte Fälle der Rechtschreibung und Lernwörter bereiten dir kaum noch Probleme. Bearbeite die Übungen auf S. 65, damit sich dein Wissen und Können festigt.

18–13 Punkte
Das war schon ganz gut. Lies die Merkkästen dieses Kapitels noch einmal aufmerksam durch. Bearbeite anschließend die Übungen auf S. 64. Wenn sie dir keine Schwierigkeiten bereiten, kannst du auf S. 65 weiterüben.

12–0 Punkte
Du musst in diesem Bereich noch trainieren. Überprüfe, wo du noch Fehler machst. Sieh dir die entsprechenden Bereiche des Kapitels noch einmal genau an. Bearbeite anschließend die Übungen auf S. 64. Auf S. 66–80 findest du weitere Tipps, wie du gezielt an deinen Fehlerschwerpunkten arbeiten kannst.

Wiederholen und vertiefen – Verzwickte Fälle der Rechtschreibung und Lernwörter

Seite 64

1 a) rot, der Wir**t**, der Tran**k**, die Bur**g**, der Sie**g**, das Hau**p**t, das Sie**b**, der Hun**d**, das Hem**d**

b) *So könnte deine Lösung lauten:*
der Rotwein, der Burggraben, das Haarsieb, das Wirtshaus, der Auswärtssieg, die Hundehütte, der Zaubertrank, die Hauptstadt, der Hemdkragen

2 die Kräuter – das Kraut, der Verkäufer – verkaufen, quälen – die Qual, unschätzbar – der Schatz, verständlich – der Verstand, träumen – der Traum

3 verlieren, der Vogel, der Vater, die Vanille, brav boxen / die Boxen, der Luxus, exotisch, das Taxi, mixen

Seite 65

1 der Gips, die Erbse, das Obst, hübsch, der Krebs, der Papst, das Rezept

2 a) und b) süße, essen, wusste, aßen, isst, weiß, die Straße, größte, wusste, musste

Strategien 2 – Tipps und Techniken zum Weiterüben

Seite 66

1 b) Diese Wörter im Text sind falsch geschrieben:
sass, gedanken, zeitreise, Weldall, mannövrieren, planeten, aufregung

Seite 67

2 a) – c) ↗ s. Tabelle unten

d) Die meisten Fehler treten bei der Groß- und Kleinschreibung auf.

So könnte deine Lösung lauten:

Korrektur	Warum ist das Wort falsch?	Wie vermeide ich den Fehler?
die **G**edanken	Nomen wurde kleingeschrieben	*Tipp 5:* Nomen an Begleitwörtern erkennen und großschreiben
die **Z**eitreise	Nomen wurde kleingeschrieben	*Tipp 5:* Nomen an Begleitwörtern erkennen und großschreiben
das Wel**t**all	hier fand eine *d–t* Verwechslung statt	*Tipp 4:* Wort verlängern oder verwandtes Wort suchen
man**ö**vrieren	Fremdwort wurde falsch abgeleitet (das „Manöver")	*Tipp 2:* Fremdwörter sind Lernwörter (z. B. durch richtiges Abschreiben trainieren) *Tipp 6:* Fremdwörter zur Sicherheit im Wörterbuch nachschlagen
die **P**laneten	Nomen wurde kleingeschrieben	*Tipp 5:* Nomen an Begleitwörtern erkennen und großschreiben
die **A**ufregung	Nomen wurde kleingeschrieben	*Tipp 5:* Nomen an Begleitwörtern erkennen und großschreiben *Tipp 3:* Wort zerlegen und Nomen an typischen Endungen (z. B. *-ung*) erkennen

Tabelle zu Seite 67, Aufgabe 2 a) – c)

Seite 68

3 *So könnte deine Lösung lauten:*

Korrektur	Warum ist das Wort falsch?	Wie vermeide ich den Fehler?
größten	*s*-Laut nach betontem langem Vokal mit *ss* statt mit *ß*	*Tipp 1:* Wort deutlich aussprechen, um zu hören, ob Vokal lang oder kurz ist *Tipp 2:* Regeln für die Schreibung von betonten langen und nach betonten kurzen Vokalen wiederholen
merkt	Doppelkonsonant nach kurzem betontem Vokal nur, wenn man nur einen Konsonanten hört	*Tipp 1:* Wort deutlich aussprechen, um zu hören, ob Vokal lang oder kurz ist *Tipp 2:* Regeln für die Schreibung von betonten langen und nach betonten kurzen Vokalen wiederholen
die Erfolglosigkeit	Nomen wurde kleingeschrieben	*Tipp 5:* Nomen an Begleitwörtern erkennen und großschreiben *Tipp 3:* Wort zerlegen und Nomen an typischen Endungen (z. B. *-keit*) erkennen
neidisch	Adjektiv wurde großgeschrieben	*Tipp 5:* Nomen an Begleitwörtern erkennen und großschreiben, alle anderen Wörter kleinschreiben *Tipp 3:* Wort zerlegen und Adjektive an typischen Endungen (z. B. *-isch*) erkennen
bessere	*s*-Laut nach betontem kurzem Vokal nur mit *s* statt mit *ss*, obwohl nur ein Konsonant hörbar	*Tipp 1:* Wort deutlich aussprechen, um zu hören, ob Vokal lang oder kurz ist *Tipp 2:* Regeln für die Schreibung von betonten langen und nach betonten kurzen Vokalen wiederholen

Seite 71

1 a) *Der Text enthält die folgenden Wörter mit* ie:
Energie, vier, die, reflektieren, sie, hier, tiefster, nie, schließlich, reflektiert, die

Seite 77

1 a) Clever diskutiert Elina. Fröhlich grinst Hannah. Isa jagt Klara. Leo meckert natürlich. Oh! Phillip quasselt! Reza schweigt.
Tarek und Vera winken Xaver (und) Yannik zu.

Seite 78

3 a) der Kakadu, das Kamel, die Katze, die Krähe, das Krokodil, die Kröte

4 a) *So könnte deine Lösung lauten:*
der Käfer, das Kalb, das Känguru, das Kaninchen, der Koala, die Krabbe, der Kranich, die Kreuzotter, die Kreuzspinne, die Kuh

5 Biber (S. 275), bewegen (S. 273), bevor (S. 273), bestehen (S. 270), bezwecken (S. 275), bezüglich (S. 275), bevorstehen (S. 273)

Seite 79

6 b)

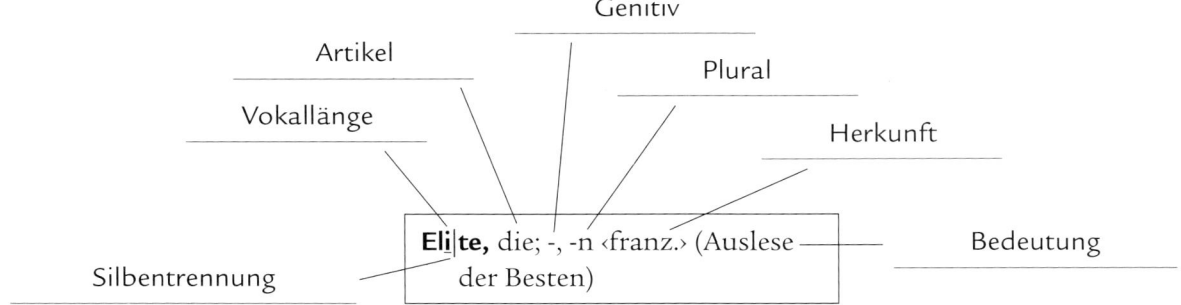

7	Stichwort	Artikel	Silbentrennung	Plural
	Exemplar	das	Ex-em-plar/Ex-emp-lar	die Exemplare
	Allergie	die	Al-ler-gie/All-er-gie	die Allergien
	Medizin	die	Me-di-zin	die Medizinen

8 a) der Schrank, der Stuhl, das Land, das Schwimmbad, der Zug

Seite 80

9 a) der Jahre/s/tag, die Schiff/fahrt/s/ gesellschaft, der Vanille/pudding, der Sonntag/s/braten, die Mittag/s/zeit

10 a) gehen, zimmern, ausmachen, hängen, erfinden, kennen

Lern- und Übungsheft

Rechtschreiben

Neue Ausgabe

5|6

Erarbeitet von

Alexandra Dauth und
Toka-Lena Rusnok

Cornelsen

Textquellenverzeichnis

S. 6 Erwin Moser: Das Haus im Moor, eine Gruselgeschichte. Aus: Hans-Joachim Gelberg (Hrsg.): Eines Tages. Geschichten von überallher. Weinheim, Basel, Berlin: Beltz Verlag, 2002, S. 60. **S. 7** Karlhans Frank: Uschelreime. Aus: Hans-Joachim Gelberg (Hrsg.): Großer Ozean. Gedichte für alle. Weinheim und Basel: Beltz Verlag, 2000, S. 11. **S. 9** Hate mich im Wald … Nach: Hans Manz: Abenteuer in der Nacht. Aus: Hans-Joachim Gelberg (Hrsg.): Großer Ozean. Gedichte für alle. Weinheim und Basel: Beltz Verlag, 2000, S. 31. **S. 14** Heute Nachmittag … Nach: Wolfgang Mennel: Hausaufgaben. Aus: Hans-Joachim Gelberg (Hrsg.): Eines Tages. Geschichten von überallher. Weinheim, Basel, Berlin: Beltz Verlag, 2002, S. 255. **S. 16** Viel weniger BEKANNT … Nach: Franz Hohler: Der Pfingstspatz. Aus: Franz Hohler / Nikolaus Heidelbach: Der große Zwerg und andere Geschichten. München: Deutscher Taschenbuchverlag, 2008, S. 41. **S. 19** Als ich wieder … Nach: Mark Twain: Ein Yankee am Hofe des Königs Artus. Frankfurt am Main: Insel Verlag, 1997, S. 15. **S. 21** Emily, die Lieblingskatze … Nach: Katze auf Reisen. Aus: http://www.geo.de/ GEOlino/nachrichten/4723.html [08.11.2010]. **S. 26** Eine besondere … Nach: Bitte lächeln! Aus: GEOlino Nr. 9, 2008, S. 58. **S. 27** Zugegeben, für die Zähne … Nach: Schokolade im Tank. Aus: GEOlino Nr. 2, 2008, S. 60. **S. 29** Sich am Morgen … Nach: Dänemark. Revolution der Langschläfer. Aus: http://www.geo.de/GEOlino/nachrichten/53180. html [08.11.2010]. Eine Kuschelige … Nach: Kuschelroboter verteilt Umarmung. Aus: http://www.geo.de/GEOlino/ nachrichten/3717.html [08.11.2010]. **S. 31** Schon vor knapp … Nach: Erich Übelacker: Was ist Was – Die Zeit Bd. 22. Nürnberg: Tessloff Verlag, 2008, S. 15. **S. 32** Polarfüchse. Nach: Alva Gehrmann: Pelz, pelziger – Polarfuchs. Aus: GEOlino extra Nr. 17, S. 86. **S. 33** Die meisten … Nach: Lexikoneintrag „Eisbär". Aus: Der Kinder Brockhaus – Tiere. Mit Texten von Marcus Würmli und Illustrationen von Werner Ring. Mannheim und Leipzig: F. A. Brockhaus, 2003, S. 186. **S. 37** Petra Enderlin: Leben an den Polen. Aus: http://www.kindernetz.de/infonetz/thema/polargebiete/ pinguine/-id=33716/nid=33716/did=34316/flr2n2/index.html [31.03.2010]. **S. 40** Petra Enderlin: Pole der Erde. Nach: http://www.kindernetz.de/infonetz/thema/polargebiete/-id=33718/nid=337188/did=33710/1k3y2uw/index. html [31.03.2010]. **S. 49** Neben den Männern … Nach: Rainer Crummenerl: Was ist was – Piraten Bd. 71. Nürnberg: Tessloff Verlag, 2009, S. 37. **S. 52** Klappentext Nach: Christopher Paolini: Eragon. Ins Deutsche übertragen von Joanis Stefanidis, München: Random House GmbH, 2006². **S. 56** Das Mädchen mit den Schwefelhölzern. Nach: Hans Christian Andersen: Das kleine Mädchen mit den Schwefelhölzlein. Aus: Christa Gohrisch (Hrsg.): Hans Christian Andersen: Märchen und Geschichten. Eine Auswahl. Aus dem Dänischen von Eva-Maria Blühm. Leipzig: Verlag Philipp Reclam jun., 1971. **S. 61** Rotkäppchen. Nach: Helmut Brackert (Hrsg.): Das große deutsche Märchenbuch. München und Zürich: Artemis & Winkler Verlag, 1994, S. 170. **S. 62** Zunächst überquerte … Nach: ebd. **S. 65** Der süsse Brei. Nach ebd. **S. 73** Wer glaubt … Nach: GEOlino Nr. 6, 2010, S. 39. **S. 75** Viele denken … Nach: ebd., S. 38. Manchmal scheinen … Nach: ebd., S. 39. Als sie erfuhren … Nach: Luigi Malerba: Neun nachdenkliche Hühner. Aus: Hans-Joachim Gelberg (Hrsg.): Eines Tages. Geschichten von überallher. Weinheim, Basel, Berlin: Beltz Verlag, 2002, S. 234 f. **S. 76** Kaugummis … Nach: http://www.geo.de/GEOlino/nachrichten/53223.html [08.11.2010]. Am Ende … Nach: GEOlino Nr. 6, 2010, S. 39. Um Kugelblitze … Nach: http://www.geo.de/GEOlino/nachrichten/52489.html [08.11.2010]. **S. 80** Es waren … Nach: Hanna Johansen: Zehn Hasengedichte. Aus: Hans-Joachim Gelberg (Hrsg.): Großer Ozean. Gedichte für alle. Weinheim und Basel: Beltz Verlag, 2000, S. 33.

Bildquellenverzeichnis

S. 17 picture-alliance / Bildagentur Huber, Frankfurt a. Main. **S. 20** ©Marco Greco-Fotolia.com. **S. 32** picture-alliance / OKAPIA KG, Frankfurt a. Main. **S. 37** ©Fabrice BEAUCHENE-Fotolia.com. **S. 50** Buchcover: Robert Luis Stevenson, Erika Klopp Verlag – Verlagsgruppe Oetinger, Hamburg 2008.

Redaktion: Kristina Weidemann
Bildrecherche: Angelika Wagener
Illustrationen: Sulu Trüstedt, Berlin
Umschlaggestaltung: Cornelsen Verlag Design
Layout und technische Umsetzung: Wladimir Perlin, Berlin

www.cornelsen.de

Alle Drucke dieser Auflage sind inhaltlich unverändert und können im Unterricht nebeneinander verwendet werden.

© 2011 Cornelsen Verlag, Berlin
© 2017 Cornelsen Verlag GmbH, Berlin

Druck: Athesiadruck GmbH

1. Auflage, 11. Druck 2024
Ausgabe ohne CD
ISBN 978-3-464-60450-2

1. Auflage, 3. Druck 2022
Ausgabe mit CD
ISBN 978-3-464-60248-5

PEFC-zertifiziert
Dieses Produkt stammt aus nachhaltig bewirtschafteten Wäldern und kontrollierten Quellen
PEFC
PEFC/18-31-166   www.pefc.de

Inhalt

Strategien 2

So arbeitest du mit dem Heft:

Strategien 1

Hier lernst du, welche Tipps dir helfen, Rechtschreibfehler
zu vermeiden.

Übungen

Hier kannst du selbstständig üben.

 verweist dich auf die Tipps im Strategieteil.

Kontrolliere deine Ergebnisse mit dem Lösungsteil.

Teste dich!

Mit den Testaufgaben kannst du dein Wissen und Können
überprüfen.

- Trage die erreichten Punkte in die Kästchen ein und rechne
  die Gesamtpunktzahl aus.
- Schlage im Lösungsteil nach, wie du weiterarbeiten kannst.

Wiederholen und vertiefen

○● Hier kannst du weiterüben, wenn du noch nicht
   so sicher in der Rechtschreibung bist.

●● Hier kannst du weiterüben, wenn du schon sehr sicher
   in der Rechtschreibung bist.

Strategien 2

Hier lernst du, mit welchen Techniken du weiterüben kannst,
um noch sicherer in der Rechtschreibung zu werden.

Merkwissen im Überblick

findest du auf den Innenseiten des Umschlags.

Hilfen beim Rechtschreiben

1 a) Lies den folgenden Text. Wie schreibt man die Lückenwörter in der Geschichte? Welche der Strategien auf der rechten Seite können dir bei der Entscheidung helfen?

b) Verbinde Lückenwort und Strategie mit einem Pfeil wie im Beispiel. Manchmal helfen auch verschiedene Strategien.

c) Ergänze die fehlenden Buchstaben.

Erwin Moser

Das Haus im Moor, eine Gruselgeschichte

Einsam steht ein Haus im Moor. Es ist Vollmond (F/V?).

Leise gluckst es im Sumpf und

eine zerzauste ___appel (P/p?) rauscht im Wind.

Es ist kurz vor Mitt___ (a/er?)nacht. Werden sie heute

5 wieder kommen?

Wer?

Na, die Sumpfgeister, die Moorhexen, die glotzäugigen

Wassermänner, die Flederm___se (eu/äu?), die Wasser-

wölfe, die Bisamra___en (tt/t?), die Schilfzwerge, die

10 langen Schlangen, die Moorgespenster und die Vampire!

Noch ist es sti___ (ll/l?).

Noch r___rt (ü/üh?) sich nichts.

Vielleicht trauen sie sich heute nicht aus ihren

Schlupflöchern, weil der

15 Mon___ (t/d?) so hell scheint?

Ich verlängere das Wort.

Ich suche ein verwandtes Wort.

Ich spreche das Wort deutlich Silbe für Silbe aus.

Ich wende die Regel für das Dehnungs-*h* an.

Ich schlage im Wörterbuch nach.

Ich erkenne an Begleitwörtern, ob es sich um ein Nomen handelt.

Ich kenne das Lernwort und weiß, wie es geschrieben wird.

Ich nutze mein Wissen über die Schreibung von betonten langen und nach betonten kurzen Vokalen.

d) Eine Strategie passt immer. Markiere sie.

Tipp 1: Sprich das Wort genau und betone jede Silbe.

1 In den Wörterschlangen sind 15 Wörter versteckt.

a) Lies genau und markiere die Wortgrenzen wie im Beispiel.

b) Sprich jedes Wort noch einmal deutlich aus und betone jede Silbe.
Setze dabei die Silbenbögen.

BeidiesemSatzmusstdusehrgenauhinsehen

undversuchen,jedes

einzelneWortzuentdecken.

> Wörter werden nach **Sprechsilben** getrennt, z. B.:
>
> *das Rät sel ra ten*
>
> *der Wan der zir kus*

2 In dem Gedicht sind schwierig zu schreibende Fantasiewörter unterstrichen.

a) Lies das Gedicht langsam und betont vor.

Karlhans Frank

Uschelreime

Huschel, Kindchen, sei so nett,
wusch ins <u>Tuschelkuschelbett</u>,
kannst dich unter <u>Zuscheldecken</u>
<u>duschelgruschelstruschelstrecken</u>,
noch ein wenig <u>buschelmuscheln</u>
bis die Träume <u>ruschelfluscheln</u>.

b) Lies jedes unterstrichene Wort noch einmal und setze wie im Beispiel Silbenbögen.

c) Sprich jedes unterstrichene Wort deutlich aus und betone jede Silbe.
Decke den Text ab und schreibe das Wort auf. Vergleiche anschließend mit dem Text.

3 Wird der betonte Vokal lang oder kurz gesprochen?
Hier gehören immer ein Wort mit lang gesprochenem und eines mit kurz gesprochenem Vokal zusammen.

a) Sprich jedes Wort deutlich aus und bestimme die Länge des betonten Vokals.
Setze unter einen kurzen Vokal einen Punkt, ziehe unter einen langen einen Strich.

(er) kam	(der) Schal	(der) Riese	lahm
buddeln	(die) Bude	bieten	
(der) Wall	(der) Kamm	bitten	(der) Schall
(die) Risse	(der) Wal	(das) Lamm	

b) Schreibe die Wortpaare wie im Beispiel in die Tabelle.

Wörter mit betontem langem Vokal	Wörter mit betontem kurzem Vokal
bieten	bitten

Tipp 1
Sprich das Wort genau und betone jede Silbe.

○ Sprich längere oder zusammengesetzte Wörter nach Silben aus. Schreibe sie silbenbetont auf, z. B.:

die Un ge nau ig keit

die Som mer blu men wie se

○ Bestimme die Länge oder Kürze des betonten Vokals, indem du die Wörter langsam und betont vorliest. Leite davon die Schreibung ab, z. B.:

rund, sonnig, sitzen, der Wecker, das Messer

schön, das Boot, zählen, riesig, die Straße

Tipp 2: Wende Regeln und grammatisches Wissen an.

1 a) Lies das Gedicht, in dem sieben Rechtschreibfehler farbig markiert sind.

	Korrektur
Hans *manz* **Abenteuer in der Nacht**	_____
Hate mich im Wald verirrt,	_____
fragte mich durch.	
Die antwort eines Spechts:	_____
Erst links, dann rechts.	
5 Der Raht des Finks:	_____
Erst rechts, dann links.	
Nein, doch gradaus,	
sprach eine Meise,	
sonst gehst du im Kreise.	
10 Ach wo, bleib doch hir,	_____
sagte der Spatz,	
in meinem Nest wär noch Platz.	
das brachte mich zum Lachen,	_____
und das lachen ließ mich erwachen.	_____

Achtung, Fehler!

b) Korrigiere die Fehler und schreibe die Wörter richtig in die rechte Spalte der Tabelle.
Die Regeln auf der folgenden Seite und die Hinweise im Merkkasten helfen dir dabei.

c) Ordne den folgenden Regeln Beispielwörter aus dem Text zu und schreibe sie auf.

Satzanfänge werden großgeschrieben.

Beispiel/Fehlerwort: _____

Namen werden großgeschrieben.

Beispiel/Fehlerwort: _____

Nomen werden großgeschrieben.

Beispiel/Fehlerwort: _____

Nominalisierungen werden großgeschrieben.

Beispiel/Fehlerwort: _____

Ein Dehnungs-*h* nach betontem langem Vokal steht nur vor den Buchstaben *l*, *m*, *n* oder *r*.

Beispiel/Fehlerwort: _____

Ein Wort mit betontem langem *i* schreibt man mit *ie*. Es ist kein Lernwort mit einfachem *i*.

Beispiel/Fehlerwort: _____

Hört man nach einem betonten kurzen Vokal nur einen Konsonanten, dann wird dieser meist verdoppelt.

Beispiel/Fehlerwort: _____

d) Überprüfe deine Korrekturen und Antworten mit Hilfe der Lösungen.

Tipp 2
Wende Regeln und grammatisches Wissen an.

z. B.:

- Satzanfänge, Namen, Nomen/Substantive und Nominalisierungen schreibt man groß.
- Betonter langer Vokal? Dehnungs-*h* nur vor *l*, *m*, *n* oder *r*.
- Betonter kurzer Vokal und man hört nur einen Konsonanten? Meist muss man den Konsonanten verdoppeln.
- Lernwort mit *V/v* oder einfachem *i*?

Tipp 3: Zerlege das Wort.

1 Mit welchem verwandten Wort kannst du „beweisen", dass die Wörter so und nicht anders geschrieben werden? Ergänze wie im Beispiel.

	„Beweiswörter"
er fährt	*fahren, das Fahrzeug, …*
täglich	
säubern	
die Freude	
läuten	
die Hähne	
bezeugen	
schädlich	
der Räuber	

> **Verwandte Wörter** gehören zu einer **Wortfamilie**. Sie haben den gleichen **Wortstamm**. Manchmal ändert sich der Vokal im Wortstamm, z. B.: *der Traum, träumen, verträumt, traumhaft*

2 *ä* oder *e*? *äu* oder *eu*?

a) Ergänze die fehlenden Buchstaben. Schreibe das „Beweiswort" aus der Randspalte daneben.

b) Eines der Wörter aus der Randspalte passt nicht. Umkreise es.

die W ? nde	
r ? tselhaft	
verk ? flich	
der L ? fer	
die B ? te	
tats ? chlich	
ern ? t	
h ? slich	
die Kr ? ter	

> laufen
> das Haus
> bauen
> die Sache
> raten
> das Kraut
> die Neuigkeit
> die Wand
> erbeuten
> der Kauf

3 Viele Nomen sind an ihren Suffixen (Nachsilben) erkennbar.

a) Bilde zu den folgenden Nomen je zwei weitere Nomen mit dem gleichen Suffix und notiere sie mit ihrem Artikel. Die Wortbestandteile im Kasten helfen dir dabei.

b) Markiere die Suffixe wie im Beispiel farbig.

wachs-	gesund-	richt-	heimlich-
~~einlad-~~	mann-	geheim-	
reich-	fröhlich-	erb-	schön-	hinder-

die Bedeutung: *die Einladung, …* _____

die Sauberkeit: _____

die Krankheit: _____

das Ergebnis: _____

die Freundschaft: _____

das Brauchtum: _____

4 Auch viele Adjektive besitzen typische Suffixe (Nachsilben), z. B.: *-ig, -isch, -lich, -sam, -bar, -haft.*

a) In der Wortliste am Rand sind insgesamt sechs Adjektive versteckt. Unterstreiche sie und markiere die Suffixe wie im Beispiel farbig.

b) Schreibe die Adjektive in dein Heft. Notiere zu jedem Adjektiv ein weiteres mit dem gleichen Suffix.

glücklich – freundlich, …

ERZÄHLT
DIENSTAGS
GLÜCKLICH
SEHR
FLIEGEN
SONNIG
PRÜFEN
NEIDISCH
IHNEN
RATSAM
HALTBAR
KIND
DIESES
TRAUM-
HAFT
WINTER

Tipp 3
Zerlege das Wort. Nutze den Wortstamm und die Wortbestandteile.

▷ Leite die Schreibung vom Wortstamm eines verwandten Wortes ab (**Verwandtschafts-probe**), z. B.:

  die Wo ? nung → wohnen = die Wohnung
  der W ? rter → warten = der Wärter

▷ Leite die Großschreibung von Nomen/Substantiven von typischen Suffixen (Nachsilben) ab, z. B.:

  E/erklärung → -ung = Nomen = die Erklärung

▷ Leite die Kleinschreibung von Adjektiven von typischen Suffixen (Nachsilben) ab, z. B.:

  E/erklärbar → -bar = Adjektiv = erklärbar

Tipp 4: Verlängere das Wort.

1 *b/p* oder *d/t*? Ermittle die richtige Schreibung mit Hilfe der Wörter neben dem Gedicht. Orientiere dich an dem Beispiel.

Am Strand

Wasser glitzer*t*.

Ein Kin___ lacht.

Ein Drachen he___t ab.

Ein Hun___ bellt.

Der San___ wärmt.

En___lich Ferien.

heben

es glitzerte

sandig

die Hunde

die Kinder

enden

Tipp 4
Verlängere das Wort.

Um die Schreibung bei ähnlich klingenden Konsonanten am Ende eines Wortes oder Wortstamms zu ermitteln, kannst du Wörter verlängern (**Verlängerungsprobe**).

- Bilde bei Nomen/Substantiven den Plural (die Mehrzahl), z. B.:

  das Lan ? → *die Län**d**er = das Lan**d***

- Bilde bei Verben den Infinitiv (die Grundform), z. B.:

  er gi ? t → *ge**b**en = er gi**b**t*

- Steigere Adjektive oder verwende sie vor einem Nomen/Substantiv, z. B.:

  run ? → *run**d**er, der run**d**e Ball = run**d***

---

2 „Beweise" die Schreibung der folgenden Wörter, indem du sie wie in den Beispielen verlängerst. Übertrage die Tabelle in dein Heft und ergänze sie.

~~der Rand~~, ~~lang~~, ~~er glaubt~~, der Berg, gelb, es schneit, der Rat, grob, sie stand, das Hemd, er fragt, bunt, das Werk, er lag, stark, er schlägt, wild

Nomen	Adjektive	Verben
der Rand – die Ränder	lang – länger	er glaubt – glauben

Tipp 5: Achte auf inhaltliche Bezüge im Satz.

1 Lies die folgende Geschichte, in der einige Nomen farbig gekennzeichnet sind.

Wolfgang Mennel

Hausaufgaben

Heute Nachmittag bin ich bei den Hausaufgaben
eingeschlafen. Zum Glück kam
eine Karawane vorbei. Einer der Reisenden schrieb
mein Aufsatzheft voll. Es ist
ein sagenhafter Aufsatz: spannend und nur wenige
Rechtschreibfehler. Hoffentlich
kann der Deutschlehrer die arabische Schrift
entziffern.

2 Untersuche die Sätze genauer. Welche Wörter geben dir jeweils ein Nomensignal?

a) Umkreise die Begleitwörter aller markierten Nomen wie im Beispiel.
Kennzeichne mit Hilfe eines Pfeils, auf welches Nomen sie hinweisen.

b) Übertrage die Tabelle in dein Heft und schreibe die markierten Nomen und ihre Begleitwörter
in die richtige Tabellenspalte.

Artikel	Possessivpronomen	Mengenangaben	Adjektive	Nomen
den	...	...	...	*Hausaufgaben*

Tipp 5
Achte auf inhaltliche Bezüge im Satz.

Meist gibt dir der Satz, in dem das Nomen/Substantiv steht, einen Hinweis auf die Großschreibung. Begleitwörter können dir ein Nomensignal geben, z. B.:

- ◗ bestimmte Artikel: *das* Heft, *die* Schule, *der* Schulhof (**Artikelprobe**)
- ◗ unbestimmte Artikel: *ein* Heft, *eine* Schule, *ein* Schulhof (**Artikelprobe**)
- ◗ Adjektive: *dunkle* Nacht, *heller* Tag
- ◗ Possessivpronomen (besitzanzeigende Fürwörter): *meine* Geschichte, *deine* Idee
- ◗ Mengenangaben: *viele* Fragen, *wenig* Zeit, *zwei* Teller

Tipp 6: Schlage im Wörterbuch nach.

1 Lies den Anfang der Geschichte, in der sechs Rechtschreibfehler farbig markiert sind.

Achtung, Fehler!

Kevin Keks war ein kleiner Junge, der die überflüssigste

Superkraft der Weld besaß. Zumindest sah er das so. Fliegen

oder Unsichtbarmachen, das sind Superkräfte von Format.

Das hat Stil. Bei Kevin sah die sache allerdings etwas anders

5 aus. Als er sich einmal ein Opstmus zubereiten wollte, ent-

deckte er, dass er mit Küchengeräten sprechen konnte. Das

wäre an sich noch keine Superkraft. Schließlich kann jeder

zu seinem Mixer sagen: „Du musst feiner pürrieren, blödes

Ding!" Aber nicht jeder bekommt darauf eine Antwort. In

10 Kevins Fall erwiderte der Mixer behäbig: „Nun mal langsam,

kleiner Freund. Wenn ich meine Meser noch schneller drehe,

wird ihnen wieder schlecht und dann …" Vor lauter Schreck

liess Kevin den Mixer fallen. „Aua!", stöhnte der Mixer …

2 Die Schreibung von vier Wörtern im Text kannst du herleiten.
Unterstreiche sie. Schreibe sie dann korrigiert in die rechte Spalte.

3 a) Bei zwei Wörtern kannst du die Schreibung nicht herleiten. Umkreise sie im Text.

b) Schlage die beiden Wörter im Wörterbuch nach und überprüfe die Schreibung.

c) Schreibe sie korrigiert in die rechte Spalte.

Richtig nach-
schlagen
➚ S. 77–80

> **Tipp 6**
> **Schlage im Wörterbuch nach.**
>
> Das Wörterbuch hilft dir, die Schreibung von schwierigen Wörtern (z. B. von Lernwörtern
> oder Fremdwörtern) zu finden. Im Wörterbuch kannst du auch „Zweifelsfälle" nachschlagen.
>
> - Suche bei Nomen im Plural (in der Mehrzahl) die Form im Singular (in der Einzahl).
> - Schlage bei zusammengesetzten Wörtern jedes Wort einzeln nach.
> - Suche bei konjugierten Verben den Infinitiv (die Grundform).

Übungen

Groß- und Kleinschreibung

Was kannst du schon?

Franz Hohler

Der Pfingstspatz

Viel weniger BEKANNT als der Osterhase ist der Pfingstspatz.
Er legt ALLEN Leuten am Pfingstsonntag ein Grashälmlein auf
den FENSTERSIMS, eines von der Art, wie er es sonst zum Nest-
bau braucht. Das merkt aber nie JEMAND, höchstens ab und zu
eine Hausfrau, die es sofort wegwischt. Der Pfingstspatz ÄRGERT
sich jedes Jahr GRÜN und BLAU über seine ERFOLGLOSIGKEIT
und ist sehr NEIDISCH auf den Osterhasen, aber ich muss ehrlich sagen, das mit den Eiern finde ich auch die BESSERE Idee.

1 a) Groß oder klein? Lies die Geschichte und schreibe die Wörter in Großbuchstaben in der richtigen Schreibung in dein Heft.

b) Kontrolliere mit Hilfe der Lösungen, wie viele Wörter du richtig geschrieben hast.

c) Wie kannst du dir helfen, wenn du nicht sicher bist, ob ein Wort groß- oder kleingeschrieben wird? Schreibe eine kurze Erklärung in dein Heft.

Zum **Nomen** kann man auch **Substantiv** oder **Namenwort** sagen.

2 a) Lies die Sätze und schreibe sie in der richtigen Groß- und Kleinschreibung in dein Heft.

ES ÄRGERT DEN PFINGSTSPATZ, DASS SEIN BEMÜHEN NICHT GESCHÄTZT WIRD.

MANCHMAL DENKT ER, ES WÄRE DAS BESTE, DEN JOB AN DEN NAGEL ZU HÄNGEN.

ER FINDET, DASS DIE MENSCHEN OFFEN FÜR ETWAS NEUES SEIN SOLLTEN.

b) Vergleiche deine Sätze mit der Lösung und verbessere Fehlschreibungen.

c) Einige Wörter werden hier großgeschrieben, obwohl sie ursprünglich keine Nomen sind und auch nicht am Satzanfang stehen. Was weißt du darüber? Notiere in deinem Heft.

3 Wie sicher deine Rechtschreibung ist, kannst du beim Schreiben eigener Texte erproben.

a) Schreibe eine Geschichte, in der es wie beim „Pfingstspatz" um ein Fantasietier geht.

b) Kontrolliere die Rechtschreibung deiner Geschichte. Schlage Wörter, bei denen du unsicher bist, in einem Wörterbuch nach.

Texte überarbeiten
↗ S. 66–69
Richtig nach-
schlagen
↗ S. 77–80

Nomen an ihren Begleitwörtern erkennen

1 Der folgende Text enthält 13 Nomen. Die Anzahl pro Zeile ist in Klammern angegeben.

→ **Tipp 2, 5**

a) Unterstreiche alle Nomen und umkreise jeweils das Wort, das davor steht.

b) Markiere mit einem Pfeil, auf welches Nomen sich das umkreiste Wort bezieht.

Namen sind schräg gedruckt und werden groß- geschrieben.

(EINE) REISE IN DIE VERGANGENHEIT (2)

WER SCHON IMMER EINMAL ZU DEM URSPRUNG (1)

DER WELT REISEN WOLLTE, KANN DAS NUN (1)

IM *UNIVERSUM SCIENCE CENTER* IN *BREMEN* TUN. (0)

MAN MUSS NUR DIE KINNLADE SCHLIESSEN, DEN VERSTAND (2)

EINSCHALTEN UND SICH GUT FESTHALTEN. (0)

EIN RIESENFAHRSTUHL VERSETZT EINEN IN DAS WELTALL. (2)

WÄHREND AN DEN FENSTERN DIE STERNE VORBEIFLIEGEN, (2)

HAT MAN DAS ZIEL, EHE MAN SICH VERSIEHT, ERREICHT: (1)

DEN BEGINN DER WELT. (2)

c) Schreibe die Nomen mit dem jeweils direkt davor- stehenden Begleitwort auf.

Achte auf die richtige Schreibung.

eine Reise, _____

_____

_____

_____

Universum Science Center, Bremen

d) Zu welcher Wortart gehören die umkreisten Wörter? Kreuze an.

☐ Adjektive   ☐ Artikel   ☐ Präpositionen

2 Vor einem Nomen können Begleitwörter stehen. Welche Rolle könnten sie für die Schreibung von Nomen spielen? Formuliere eine vorläufige Regel.

Begleitwörter helfen, _____ in einem Satz zu finden.

_____ schreibt man groß. Mögliche Begleitwörter sind: _____ .

3 Ergänze so, dass der Artikel „versteckt" ist. Achte auf die Großschreibung am Satzanfang.

An dem (= <u>Am</u>) Anfang warte ich mit Spannung.

Ich stehe in dem (= _____) Fahrstuhl.

Eine leise Musik wird zu der (= _____) Einstimmung gespielt.

Bei dem (= _____) Start wird mir kurz schwindelig.

4 Lies nun den Merkkasten und vergleiche ihn mit deiner Formulierung auf ➚ S. 17.

> Satzanfänge, Namen und **Nomen/Substantive** schreibt man **groß**. Alle anderen Wörter schreibt man klein. **Begleitwörter** helfen dir, ein Nomen/Substantiv in einem Satz zu finden, z. B.:
>
> - **bestimmte Artikel**: *der* Weg, *die* Frage, *das* Ergebnis
> - **unbestimmte Artikel**: *ein* Weg, *eine* Frage, *ein* Ergebnis
>
> Manchmal ist der Artikel versteckt oder er fehlt und muss dazugedacht werden, z. B.:
>
> - **versteckte Artikel**: *beim* (= bei dem) Ausgang, *zum* (= zu dem) Schluss
> - **gedachte Artikel**: *Wir beobachteten (die) Sterne.*

5 a) Umkreise in den folgenden Wortgruppen alle Begleitwörter, die vor den Nomen stehen.

~~ein~~ ~~englischer~~ Schriftsteller, sein erfolgreicher Roman, viele begeisterte Leser, ein riesiger Erfolg, eine moderne Zeitmaschine, andere Welten, unser toller Planet, der nachdenkliche Wissenschaftler, wenige Antworten, eine große Geschwindigkeit

b) Übertrage die Tabelle in dein Heft und ordne die Nomen mit ihren Begleitwörtern richtig ein.

Artikel	Possessivpronomen	Mengenangaben	Adjektive	Nomen
ein	...	...	englischer	Schriftsteller

Possessiv-pronomen: besitzanzeigendes Fürwort, z. B.: *mein, dein, sein*

6 Lies den Merkkasten. Unterstreiche alle Informationen, die neu für dich sind.

> Nomen/Substantive können neben Artikeln weitere **Begleitwörter** haben, an denen man sie erkennen kann, z. B.:
>
> - **Adjektive**: *gutes* Wetter, *lange* Ferien
> - **Mengenangaben**: *viel* Interesse, *wenig* Zeit, *andere* Fragen, *zwei* Teller
> - **Possessivpronomen** (besitzanzeigende Fürwörter): *meine* Frage, *deine* Antwort

7   Stelle fest, welche der großgedruckten Wörter im folgenden Text Nomen sind.

→ **Tipp 2, 5**

a) Umkreise die vorhandenen Begleitwörter und unterstreiche die Nomen. Kennzeichne mit einem Pfeil, auf welches Nomen sich die Begleitwörter beziehen.

Mark Twain

Ein Yankee* am Hofe des Königs Artus

Hank Morgan, ein Amerikaner aus dem 19. Jahrhundert, findet sich nach einem kräftigen Schlag auf den Kopf plötzlich in der Vergangenheit wieder. Er landet im England des 6. Jahrhunderts.

Als ich wieder zu mir kam, saß ich unter einer EICHE im GRAS und hatte eine herrliche, weite LANDSCHAFT ganz für mich allein – fast allein. Ganz für mich hatte ich sie nicht, denn vor mir STAND ein KERL zu Pferd und sah auf mich HERUNTER.

5   Er sah aus, als wäre er GERADE eben einem Bilderbuch entsprungen. Er STECKTE von Kopf bis Fuß in einer altertümlichen EISENRÜSTUNG, auf dem Kopf hatte er einen HELM, der aussah wie ein Nagelfässchen mit Schlitzen darin; dazu trug er einen SCHILD, ein SCHWERT und eine ungeheuer große LANZE; sogar sein PFERD

10   hatte einen PANZER an – ein HORN aus Stahl RAGTE von der Stirn des Tieres vor, und eine PRÄCHTIGE rot und grün gemusterte Seiden- schabracke* HING wie eine Bettdecke RINGSUMHER bis fast zum BODEN.

* **der Yankee:** veralteter Spitzname für Amerikaner
* **die Seidenschabracke:** lange, verzierte Seidendecke unter einem Sattel

b) Schreibe die Nomen mit ihren Begleitwörtern in der richtigen Schreibung in dein Heft.

c) Wen hat Hank Morgan vor sich, als er in der Vergangenheit landet? Notiere Nomen aus dem Text, die dir einen Hinweis darauf geben. Schreibe auch den Artikel dazu.

_____

_____

8   **a)** Denke dir eine eigene Geschichte aus, in der es auch um eine Zeitreise geht. Bei deiner Zeitreise könntest du z. B. an einem Königshof zur Ritterzeit oder in der Höhle von Steinzeitmenschen landen. Setze den folgenden Textanfang in deinem Heft fort.

Heute Morgen bin ich nicht in meinem Bett aufgewacht, sondern ...

b) Unterstreiche zum Schluss alle Nomen in deiner Geschichte. Überprüfe, ob du sie richtig geschrieben hast.

→ **Tipp 5, 6**

Nominalisierungen erkennen

Verben werden zu Nomen

SUCHST DU ETWAS SONNIGES?
ODER IST DIR DAS ABTAUCHEN WICHTIGER?
STEHT BEI DIR DAS ENTDECKEN IM VORDERGRUND?
ODER IST DIR ETWAS EINSAMES LIEBER?

BEI UNS FINDEST DU IMMER DAS RICHTIGE!

Tipp 2, 5 ←

1 a) Lies die Sätze. Schreibe sie in der richtigen Groß- und Kleinschreibung in dein Heft.

b) Vergleiche mit der Lösung und verbessere Fehlschreibungen.

c) Fünf Wörter werden hier großgeschrieben, obwohl sie ursprünglich keine Nomen sind und auch nicht am Satzanfang stehen. Unterstreiche sie.

d) Warum muss man diese Wörter großschreiben? Formuliere eine vorläufige Regel.

> _____ und _____ müssen großgeschrieben werden, wenn sie als
>
> _____ gebraucht werden. Man erkennt sie an _____ .

Tipp 5 ←

2 a) Wie könnte man es auch sagen? Schreibe wie im Beispiel einen zweiten Satz, in dem das Verb als Nomen verwendet wird.

Ich wandere am liebsten. Das Wandern gefällt mir!

Ich schwimme für mein Leben gern. Das ...

Ich tauche gerne.

Ich faulenze sehr gerne.

Ich fotografiere am liebsten.

b) Was machst du in deinen Ferien am liebsten? Schreibe fünf passende Satzpaare wie in ↗ Aufgabe a) in dein Heft.

3 Lies nun den Merkkasten. Vergleiche ihn mit deiner vorläufigen Regel auf ↗ S. 20.

> Verben können nominalisiert/substantiviert (zu einem Nomen/Substantiv) werden.
> **Nominalisierte/Substantivierte Verben** werden **großgeschrieben**. Genau wie Nomen/
> Substantive kannst du sie an ihren **Begleitwörtern** erkennen, z. B.:
>
> *Er tanzte für sein Leben gern. Das Tanzen gefiel ihm.*
>
> Manchmal sind Begleitwörter auch versteckt, z. B.:
>
> *Beim (= bei dem) Tanzen hatte er stets gute Laune. Vorm (= vor dem) Tanzen übte er.*

4 a) Lies die folgende Zeitungsmeldung und untersuche die Verben in Großbuchstaben genauer.   → **Tipp 2, 5**

b) Welche davon sind nominalisiert? Unterstreiche sie.

Katze auf Weltreise

Emily, die Lieblingskatze einer amerikanischen Familie, GELANGTE eines Tages beim
HERUMSTREUNEN in einem Papiercontainer an Bord eines Frachters. Erst beim AUSLADEN
in Europa WURDE die kleine Katze ENTDECKT. Dank einer Marke an ihrem Halsband WAR
das AUFFINDEN ihrer Familie keine Schwierigkeit. Das HEIMKEHREN WAR dann wesentlich
bequemer als das WEGFAHREN: Emily WURDE gratis von einer Fluggesellschaft
HEIMGEFLOGEN.

c) Schreibe die Meldung in der richtigen Groß- und Kleinschreibung in dein Heft.

5 Wird das Verb klein- oder großgeschrieben?   → **Tipp 5**

a) Ergänze die Lücken in den folgenden Zeitungsüberschriften.

Weltrekord! 14-Jährige überrascht beim _____ (segeln)!

                   14-Jährige _____ (segeln) einmal um die Welt!

Schnellstes Flugzeug _____ (landen) in New York

                 Superschnell! Flugzeug beim _____ (landen) bejubelt!

Beim _____ (stolpern): Tourist findet uralte Flaschenpost

               Tourist _____ (stolpern) über 40 Jahre alte Flaschenpost!

b) Denke dir fünf Zeitungsüberschriften aus, in denen das Verb einmal klein- und einmal großgeschrieben wird. Schreibe in dein Heft.

Adjektive werden zu Nomen

1 a) Lies den folgenden Text.

Seit 16 Jahren liegt die „Aquarius", eine Unterwasserwohnung, bei den Florida Keys/USA
südöstlich vom Key Largo. Genutzt wird sie vor allem von Meeresbiologen, die die Unterwasser-
welt studieren. Das Besondere an der Wohnung ist, dass sie 20 Meter unter der Meeresober-
fläche liegt. Wer also etwas Ruhiges sucht, liegt mit der „Aquarius" genau richtig. Das Haus
unter Wasser bietet von der Küche bis zum Schlafplatz alles Wichtige zum Leben.
„So etwas Gemütliches habe ich noch nie gesehen!", schwärmt ein Bewohner.

Tipp 2, 5 ←

b) Vier Adjektive im Text werden wie ein Nomen gebraucht. Unterstreiche sie.

c) Erkläre, warum die Adjektive hier großgeschrieben werden. Ergänze.

In dem Text werden diese Adjektive großgeschrieben, weil _____

_____

Beispiel aus dem Text: _____

2 So könnte ein Werbeprospekt für die Unterwasserwohnung „Aquarius" aussehen.

Wollen Sie einmal aus allem Alten ausbrechen?
Das Gewöhnliche hinter sich lassen?

Sind Sie bereit für etwas Neues und Ungewöhnliches?

**Dann buchen Sie einen Aufenthalt
in der „Aquarius"!**

Meer als wohnen – „Aquarius"!
A Q U A R I U S

Tipp 5 ←

a) Untersuche den Werbetext genauer. Unterstreiche alle großgeschriebenen Adjektive.

b) Schreibe die großgeschriebenen Adjektive mit den Begleitwörtern, die davorstehen,
in dein Heft.

3 Lies nun den Merkkasten und vergleiche ihn mit deiner Formulierung auf ↗ S. 22.

> Adjektive können nominalisiert/substantiviert (zu einem Nomen/Substantiv) werden.
> **Nominalisierte/Substantivierte Adjektive** werden **großgeschrieben**.
> Genau wie Nomen/Substantive kannst du sie an ihren **Begleitwörtern** erkennen, z. B.:
>
> *Sie wünschte ihm alles Gute zum Geburtstag.*
>
> *Ich wünsche dir nur das Beste.*

4 Schreibe zu folgenden Urlaubsideen passende Werbesprüche in dein Heft, in denen nominalisierte Adjektive vorkommen.

Reise um die Welt

Ferien im Baumhaus

Urlaub auf dem Mond

Für Sie nur das … !
Lust auf etwas … ?
Träumen Sie vom … ?

5 Groß- oder kleingeschrieben? Schreibe die folgenden Sätze in der richtigen Schreibung auf.

→ **Tipp 2, 5**

Die Gruppe gelangte zu einer EINSAMEN Insel. So etwas EINSAMES hatten sie lange gesucht.

_____

_____

Für den Urlaub kaufte sie sich etwas NEUES. Sie legte sich NEUE Wanderschuhe zu.

_____

_____

Die ALTE Kamera ließ er zu Hause, denn das ALTE hatte ihn schon immer gestört.

_____

_____

Sie hatte den SCHÖNSTEN Bikini und fühlte sich wie die SCHÖNSTE am Strand.

_____

_____

Damit er nichts WICHTIGES vergaß, schrieb er alle WICHTIGEN Dinge auf eine Liste.

_____

_____

Wortbausteine nutzen

Tipp 3 ←

1 Werden die Wörter links groß- oder kleingeschrieben? Du findest es heraus, wenn du ein Wort auf der rechten Seite zuordnest, das ähnlich „gebaut" ist.

SPORTLICH	zauberhaft
AUFMERKSAM	Stimmung
SPANNUNG	wendig
SONNIG	glücklich
KRANKHEIT	Mehrheit
ENERGISCH	Kleinigkeit
MANNSCHAFT	kämpferisch
GENAUIGKEIT	Ergebnis
TRAUMHAFT	Freundschaft
WAGNIS	achtsam

Die Wörter müssen inhaltlich nicht zusammenpassen.

a) Ermittle die Wortpaare und schreibe sie in der richtigen Groß- und Kleinschreibung auf.

sportlich – glücklich,

b) Vergleiche die Wortpaare mit der Lösung. Stelle fest, wie viele Wörter du richtig geschrieben hast.

2 Formuliere mit acht Wörtern aus ↗ Aufgabe 1 passende Überschriften für Zeitungsmeldungen. Schreibe in dein Heft, z. B.:

Ist das sportlich? Spieler kicken trotz Krankheit!

Fußballstar: „Nach Sieg total glücklich!"

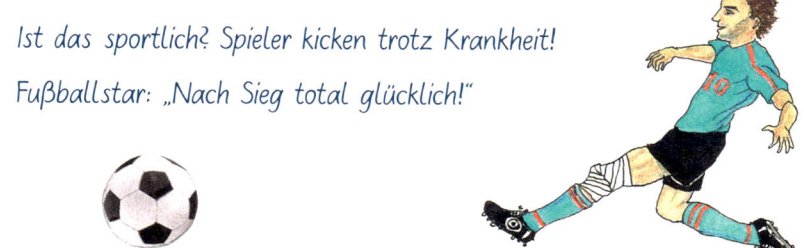

3 Sieh dir die Suffixe (Nachsilben) der Wörter aus ↗ Aufgabe 1 noch einmal genau an und überlege, wie sie dir bei der Groß- und Kleinschreibung helfen könnten. Notiere deine Überlegungen in deinem Heft.

Nomen am Wortaufbau erkennen

1 a) Welche beiden Wörter sind verwandt? Schreibe die Wortpaare nach Wortfamilien auf.

→ **Tipp 3**

> bildhaft – die Krankheit – ärgerlich – feindlich – das Ärgernis – säuberlich – die Bildung –
> die Feindschaft – kränklich – die Sauberkeit

Wortfamilie 1: _____

Wortfamilie 2: _____

Wortfamilie 3: _____

Wortfamilie 4: _____

Wortfamilie 5: _____

> Wörter gehö-
> ren zur glei-
> chen **Wort-
> familie**, wenn
> sie denselben
> Wortstamm
> besitzen,
> z. B.:
> *lachen*,
> *der Lacher*,
> *lächeln*

b) Unterstreiche bei jedem Wort den Wortstamm.

c) Welche Endungen haben die Nomen? Umkreise sie.

d) Finde zu jeder Wortfamilie ein weiteres verwandtes Wort und schreibe es dazu.

2 Warum könnten die Wortendungen für die Schreibung von Nomen wichtig sein?
Stelle Vermutungen an und ergänze.

> *Wörter, die z.B. mit* _____ , _____ , _____ , _____ *oder* _____
>
> *enden, sind* _____ . *Diese Wörter schreibt man* _____ .
>
> *Ein Beispiel dafür ist:* _____

3 Bilde aus den Wortstämmen auf der linken und den Wortendungen auf der rechten Seite
Nomen. Die Wortbausteine auf der rechten Seite kannst du mehrfach verwenden.
Schreibe die Nomen mit ihren Artikeln in dein Heft.

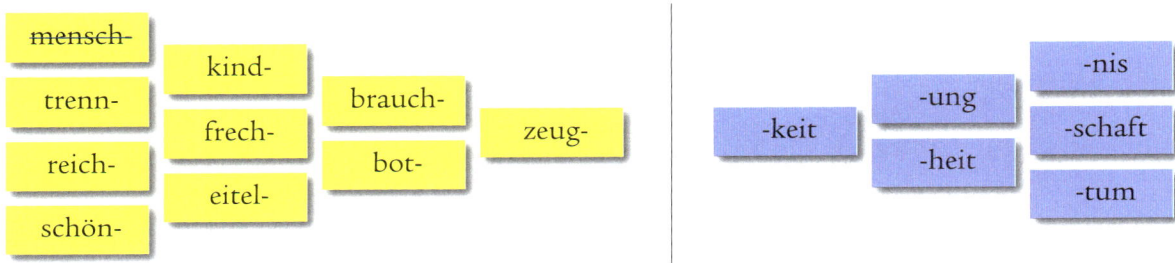

die Menschheit, …

4 Lies den Merkkasten. Vergleiche ihn mit deinen Vermutungen zum Wortaufbau auf ⌐ S. 25.

> Viele **Nomen/Substantive** besitzen **typische Suffixe** (Nachsilben). Wenn ein Wort mit einem der folgenden Suffixe endet, ist es ein Nomen/Substantiv und muss **großgeschrieben** werden:
> *-schaft, -tum, -heit, -keit, -nis, -ung,* z. B.:
>
> *die Gesellschaft, der Reichtum, die Gesundheit, die Freundlichkeit, das Ergebnis, die Erklärung*
>
> Bei der Bildung mancher Nomen muss man Buchstaben hinzufügen, z. B.:
>
> *kennen → kenn + t + nis = die Kenntnis*

Tipp 3 ←

5 Im Wörterrätsel sind zwölf Nomen mit typischen Suffixen (Nachsilben) versteckt.

a) Umkreise sie.

```
H E I T I U L I H E I T E R K E I T H L K E M S I C H E R H E I T M
J O M E N Z E R F I N D U N G F E H L U L E I D E N S C H A F T
K U N D S C H A F T K L E I K E I N S T E L L U N G T O K O P I
P F E H L U F R E I H E I T Q A S G E L E I T U N G L O P E I L E I
T E B E S O R G N I S M A U A O G L E I C H U N G L O E R E O E
G E M E I N S C H A F T J A D U L O L Ö K I O L O E R G E B N I S
```

b) Schreibe die Nomen mit ihren Artikeln auf.

_____

_____

_____

_____

c) Markiere die Endungen der Nomen farbig.

6 Welche Nomen aus ⌐ Aufgabe 5 passen in die Lücken? Ergänze.

Eine besondere _____ wird in Zukunft für _____ sorgen: Techniker haben jetzt eine Spezialkamera entwickelt, die bei nach oben gezogenen Mundwinkeln automatisch ein Foto knipst. Ein besonderes Erlebnis verspricht die _____ eines „Lächel-Grades". Je nachdem, ob ein breites Hollywood-Grinsen oder ein schüchternes Lächeln festgehalten werden soll: Das _____ macht auf jeden Fall Spaß.

Adjektive am Wortaufbau erkennen

1 a) Lies die folgende Zeitungsmeldung.

Eine süße Idee

Zugegeben, für die Zähne ist Schokolade schädlich. Aber sie schmeckt einfach zu köstlich und bietet jetzt endlich eine Möglichkeit zum Spritsparen: Zwei Briten betankten ih-
5 ren Wagen mit Kraftstoff aus Schokolade. Ganz abenteuerlich: Mit dem mit Schoko-
lade betankten Wagen fuhren die beiden Umweltschützer von England nach Timbuk-tu in Mali/Westafrika. Mit ihrer Aktion wollen die beiden Briten für Biokraftstoff wer- 10
ben, denn ursprünglich wurde dieser bisher aus Raps hergestellt.

---

b) Welche der unterstrichenen Adjektive im Text passen zu den folgenden Nomen? Ordne zu.

→ **Tipp 3**

der Schaden – schädlich, der Ursprung – _____ *, das Ende –* _____

das Abenteuer – _____ *, die Kost –* _____

c) Umkreise die Wortendungen der Adjektive. Warum könnten sie für die Schreibung von Adjektiven wichtig sein? Formuliere eine vorläufige Regel.

Viele Adjektive haben eine typische _____ *. Wenn ein Wort z.B. mit* _____

endet, ist es ein _____ *. Dieses Wort schreibt man* _____ *.*

---

2 Bilde aus den Nomen in der linken und den Wortendungen in der rechten Spalte Adjektive und schreibe sie auf. Die Wortbausteine in der rechten Spalte kannst du mehrfach verwenden. In einigen Fällen gibt es verschiedene Lösungen.

~~der Rat~~, die Sonne, das Kind, der Austausch, der Schreck, der Neid, die Sorge, der Punkt, der Zauber, das Ende, die Zahl, der Herr, der Fleiß	-isch, -bar, -lich, -ig, -sam, -haft

Aus Nomen kannst du Adjektive bilden, indem du an den Wortstamm eine passende Endung hängst, z. B.:

*das Glück:
glück + lich =
glücklich*

ratsam, _____

_____

_____

_____

3 a) Lies nun den Merkkasten.

Viele Adjektive haben typische **Suffixe** (Nachsilben). Endet ein Wort mit einem der folgenden Suffixe, so ist es meist ein **Adjektiv** und muss **kleingeschrieben** werden:
-lich, -sam, -ig, -isch, -bar, -haft, z. B.:
fröhlich, folgsam, lustig, kindisch, teilbar, nahrhaft

b) Vergleiche mit deiner vorläufigen Regel auf ⬈ S. 27. Welche zusätzlichen Informationen enthält der Merkkasten? Unterstreiche sie.

Tipp 3 ← **4 a)** Stelle fest, welche der Wörter in den Schlagzeilen Adjektive sind. Unterstreiche sie und umkreise typische Suffixe (Nachsilben).

JETZT ENDLICH PÜNKTLICH AM ARBEITSPLATZ!

EIN SONDERBARES FLUGOBJEKT GESICHTET

ZU GEWINNEN: SAGENHAFTES TRAUMHAUS

WIE UNHEIMLICH: GEISTER IN ENGLISCHEM SCHLOSS!

MACHT GELD GEIZIG?

SUPERSTAR IST EINSAM UND TRAURIG

b) Schreibe die Schlagzeilen in der richtigen Groß- und Kleinschreibung in dein Heft.

Teste dich!

Groß- und Kleinschreibung

1 Welches Begleitwort steht / Welche Begleitwörter stehen jeweils vor den Nomen?
Lies den Text und schreibe die passenden Bezeichnungen in die Klammern.

/6

Protest der Langschläfer

Sich am Morgen (_____) in aller Frühe aus dem Bett

(_____) quälen zu müssen, ist für viele Menschen (_____)

alles andere als einfach. Es trotzdem zu tun, ist außerdem ungesund. Das haben viele Wissen-

schaftler (_____) inzwischen bewiesen. Eine aktive Gruppe

(_____) von Morgenmuffeln aus Dänemark sagte dem Zwang

(_____) zum Frühaufstehen den Kampf an. Ihr Verein kämpfte für das

Recht auf Ausschlafen.

> **Mögliche Begleit-wörter:**
> ○ bestimmte Artikel
> ○ unbe-stimmte Artikel
> ○ Adjektive
> ○ Possessiv-pronomen
> ○ Mengen-angaben

2 a) Lies den Text. Unterstreiche alle Nominalisierungen und umkreise die Begleitwörter.

/6

DU REIST GERNE? DANN IST EIN REISETAGEBUCH GENAU DAS RICHTIGE!
DAFÜR REICHT EIN EINFACHES SCHREIBHEFT, DAS DU IMMER BEI DIR TRÄGST.
ALLES, WAS DU BEIM REISEN ERLEBST, KANNST DU DORT NOTIEREN. DAS
AUFSCHREIBEN KANN DIR HELFEN, ÜBER ALLES WICHTIGE NOCH EINMAL
NACHZUDENKEN. ZUHAUSE ANGEKOMMEN, HILFT DIR DEIN REISETAGEBUCH BEIM
ERINNERN. DAS EINFACHSTE IST: PROBIERE ES SELBST EINMAL AUS!

b) Schreibe alle Nominalisierungen mit ihren Begleitwörtern in dein Heft.

/6

3 Die Zeitungsmeldung enthält bei der Groß- und Kleinschreibung zehn Fehler.

a) Lies den Text und unterstreiche die Fehlerwörter.

/5

Eine Kuschelige erfindung ist ganz neu auf dem Markt: Einige Amerikanische Wissenschaftler
haben jetzt einen Wirklich Sonderbaren Alltagsgegenstand erfunden: ein Roboterkissen.
Die besonderheit des Kissens ist ein eingebautes Telefon, mit dem umarmungen verschickt werden können. Will der Kuschelkissenbesitzer jemandem eine umarmung schicken, braucht er
nur Fröhlich dessen Namen ins Kissen zu sprechen. Das Robo-Kissen des Empfängers klingelt
dann, bewegt sich und wird warm. Mit dem Flauschigen Telefon im Arm können Sender und
Empfänger miteinander sprechen.

> **Achtung, Fehler!**

b) Korrigiere die Fehlerwörter und schreibe sie in der richtigen Groß- und Kleinschreibung in
dein Heft. Notiere Nomen mit ihren Artikeln.

/5

Wiederholen und vertiefen

Groß- und Kleinschreibung

1 a) In jeder Reihe hat ein Nomen ein anderes Begleitwort als die anderen. Umkreise es.

b) Ersetze dieses Begleitwort durch eines, das in die Reihe passt. Schreibe es darüber.

die Entdeckung – das Geschenk – meine Tasche – der Großvater – der Wunsch

mein Geld – ihr Geheimnis – sein Auto – unser Klassenraum – die Freude – euer Kind

lustige Geschichten – nette Freunde – bunte Bilder – heißer Tee – viele Menschen

deine Freunde – zahllose Gedanken – wenig Geduld – viel Spaß

Tipp 2, 5 ←

2 a) Untersuche die folgenden Sätze. Welche der Verben und Adjektive in Großbuchstaben sind nominalisiert? Unterstreiche sie.

Das Taxi FUHR SCHNELL und ERREICHTE den Flughafen PÜNKTLICH.

Im Buchladen KAUFTEN sie sich etwas LUSTIGES für die Reise.

Vor dem Schalter MUSSTEN sie dann LANGE WARTEN.

Sie BLÄTTERTEN in einer Zeitschrift, um das WARTEN ABZUKÜRZEN.

Das STARTEN und das LANDEN WAREN beim FLIEGEN wie immer UNANGENEHM.

b) Schreibe die Sätze in der richtigen Groß- und Kleinschreibung in dein Heft.

Tipp 3 ←

3 Mit den Wortstämmen in der Mitte und den Suffixen kannst du Nomen und Adjektive bilden.

-heit	-nis	erklär-	vermut-	-sam	-ig
		bild-	kund-		
-ung	-schaft	acht-	gemein-	-bar	-lich

a) Bilde fünf Nomen und notiere sie mit ihren Artikeln.

b) Bilde fünf Adjektive und schreibe sie auf.

Groß- und Kleinschreibung

1 Lies den folgenden Text. Er enthält im Bereich der Groß- und Kleinschreibung acht Fehler. Unterstreiche die Fehler und korrigiere sie in der rechten Spalte.

→ **Tipp 3, 5**

Achtung, Fehler!

Haben Pflanzen eine innere Uhr?

Schon vor knapp dreihundert Jahren fragten sich

die forscher, ob Lebewesen eine innere Uhr haben.

Der französische Astronom de Mairan besaß in sei-

nem garten besondere Pflanzen, die mit ihren Blatt-

5 flächen tagsüber der über den Himmel wandernden

Sonne folgten. Im Jahr 1729 machte er eine bemer-

kenswerte Beobachtung: Er sperrte die Pflanzen

in einen dunklen wandschrank. Die Pflanzen ließen

sich von der Völligen Dunkelheit nicht beirren:

10 Jeden Morgen entfalteten sie pünktlich zum Son-

nenaufgang ihre Blätter, drehten sie im laufe des

Tages in die richtung der für sie unsichtbaren

Sonne und schlossen sie abends wieder. Offensicht-

lich gab eine innere Uhr den Pflanzen den befehl,

15 sich wie bei Hellem Sonnenschein zu verhalten.

2 Überarbeite die folgenden Sätze, indem du aus den Nominalisierungen wieder Verben und Adjektive bildest.

1   Das Empfinden einer Zeitspanne ist bei jedem Menschen unterschiedlich.
2   Bei einer Untersuchung haben Forscher etwas Interessantes herausgefunden.
3   Das Bemerkenswerte: Ein und dieselbe Zeitspanne vergeht für Kinder meist langsamer als für Erwachsene.

Jeder Mensch ...

Schreibung von betonten langen Vokalen

Was kannst du schon?

Polarfüchse

Verschl_a_fen blickt der Polarfuchs auf, er blinzelt kurz. Seit Stunden schon f___gen

Schn___stürme über die eisige Einsamkeit im Nordosten Kanadas. Der Fuchs hat sie einfach

verpennt! Zu einer K___gel gerollt, l___gt er im Schn___ vergr___ben

und lässt die laut pfeifenden Windböen an sich vorbeiziehen.

Schn___stürme? Ach, ist mir doch eg___l! Und so kuschelt er sich

w___der ein, steckt seine Schnauze in den buschigen Schwanz und

schl___ßt die gelbbraunen Knopfaugen. Die bittere Kälte macht ihm

nichts aus, selbst bei minus 50 Grad Celsius, wenn der ___tem an der

N___se gefr___rt, ist es dem Polarfuchs nicht zu k___l.

1 a) Lies den Text und ergänze die Lücken.

b) Überprüfe mit Hilfe der Lösungen, wie viele Wörter du richtig geschrieben hast.

c) Die ergänzten Wörter enthalten einen betonten langen Vokal. Übertrage die folgende Tabelle in dein Heft und ordne die ergänzten Wörter richtig ein. Notiere Nomen mit Artikel und unterstreiche den langen Vokal.

Schreibung von betonten langen Vokalen			
Einfacher Vokal	Dehnungs-*h*	Doppelvokal	*ie*
verschl_a_fen	...	...	...

2 In diesem Kapitel lernst du die wichtigsten Regeln für die Schreibung von betonten langen Vokalen. Ergänze mit Hilfe der Lösungswörter aus ↗ Aufgabe 1 die folgende Regel.

Die meisten betonten langen Vokale (a, e, o, u) und die lang gesprochenen Umlaute (ä, ö, ü)

schreibt man   .

Wörter mit einfachem Vokal

1 Die folgende Wörterliste enthält fünf Wörter mit betontem langem Vokal oder Umlaut.

a) Streiche die Wörter ohne langen Vokal. Unterstreiche in den restlichen Wörtern den langen Vokal.

→ **Tipp 1**

~~die Pflanzen~~	das Leben	die Robben	die Eisbären	der Lachs
die Füße	das Wasser	die Minuten	die Pranke	der Nordpol

b) Wie leben Eisbären in freier Wildbahn? Um das zu erfahren, musst du die Wörter mit betontem langem Vokal aus ↗ Aufgabe a) im Lückentext ergänzen.

Die meisten _____ wandern ihr _____ lang um den _____.

Sie laufen schnell, klettern gut, schwimmen sehr gewandt und können zwei _____ lang

tauchen. Ihr dichtes Fell ist Wasser abweisend und sie haben Schwimmhäute zwischen den

Zehen, sodass sie ihre _____ wie Paddel benutzen können.

2 Der betonte lange Vokal im Wortstamm bleibt bei allen Wörtern der Wortfamilie erhalten.

→ **Tipp 3**

a) Bilde zu folgenden Wörtern verwandte Wörter und schreibe sie auf. Verwende möglichst verschiedene Wortarten und notiere Nomen mit ihrem Artikel.

die Fußspuren

barfuß

(**der Fuß**)

(**schlafen**)

(**hören**)

b) Unterstreiche anschließend die betonten langen Vokale.

3 Lies nun den Merkkasten und vergleiche ihn mit deiner Regel auf ↗ S. 32.

> In den meisten Fällen schreibt man **betonte lange Vokale** oder Umlaute **mit einfachem Vokal**, z. B.:
>
> *der Wal, müde*

Wörter mit Dehnungs-*h*

Tipp 3 ←

Wörter gehören zur gleichen Wortfamilie, wenn sie denselben Wortstamm besitzen, z. B.:

wählen,

gewählt,

die Wahl

1 a) Umkreise die Wortstämme der Wörter im Kasten.

der Fahrer   lehrreich   die Aufzählung

b) Suche zu den Wörtern aus ⬀ Aufgabe a) passende Wörter aus derselben Wortfamilie und ergänze die Lücken im folgenden Text.

Neben Eisbären _____ auch Wale zu den bedrohten Tierarten. Forscher

_____ mit ihren Schiffen oft weit aufs Meer hinaus, um sie zu beobachten. Daraus

ziehen sie ihre _____ für weitere Expeditionen.

c) Unterstreiche jeweils den betonten langen Vokal.

2 a) Bilde mit jedem Anfangsbuchstaben aus dem linken Kasten zwei Wörter und notiere sie. Schreibe die Nomen mit ihren Artikeln auf.

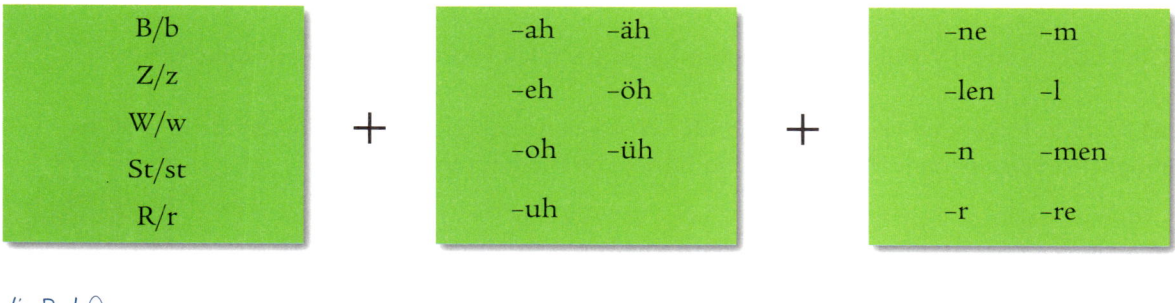

die Bah̲n̲, _____

_____

_____

b) Unterstreiche nun bei den gebildeten Wörtern *ah, eh, oh, uh, äh, öh* und *üh.*

c) Umkreise zusätzlich den jeweils nächsten Buchstaben.

3 Sieh dir die Lösungswörter aus ⬀ Aufgabe 2 noch einmal genau an. Vervollständige dann die folgende Regel zur Schreibung von betonten langen Vokalen.

Bei wenigen Wörtern wird der betonte lange Vokal durch _____ *gekennzeichnet.*
Danach folgen die Konsonanten _____ .

4 a) Schreibe aus folgendem Wortversteck alle Wörter mit Dehnungs-*h* heraus. Dabei dürfen Buchstaben doppelt verwendet werden. Notiere die Nomen mit ihren Artikeln.

B	M	X	L	Ü	C	K	A	G	R	U	E	L
Z	E	H	A	N	**M**	**Ü**	**H**	**L**	**E**	H	Z	A
A	H	V	N	A	E	H	M	U	L	D	Ä	B
H	R	J	Ä	H	R	L	I	C	H	W	H	R
L	A	A	H	R	U	H	M	G	Ö	T	N	Z
N	U	H	R	U	S	T	R	A	H	L	E	N
S	W	O	H	N	E	N	P	G	L	H	U	J
T	R	Ä	H	G	N	E	H	M	E	N	G	E

waagerecht (7): *die Müh(l)e,* _____

senkrecht (6): _____

Die Zahl in der Klammer verrät dir, wie viele Wörter du jeweils suchen musst.

b) Unterstreiche die betonten langen Vokale zusammen mit dem dazugehörigen Dehnungs-*h* und umkreise jeweils den folgenden Buchstaben.

5 Die folgenden Wörter haben Wortverwandte mit Umlaut. Notiere jeweils ein Beispiel. Schreibe bei Nomen den Artikel dazu.

→ **Tipp 3**

die Nahrung *ernähren* _____   lohnen _____

der Stuhl _____   das Jahr _____

fahren _____   der Ruhm _____

die Gefahr _____   zahm _____

6 Lies nun den Merkkasten und vergleiche ihn mit deiner Formulierung von ↗ S. 34. Markiere alle zusätzlichen Informationen.

> Nur wenige Wörter mit betontem langem Vokal schreibt man mit **Dehnungs-*h***. Dieses *h* kann man nicht hören. Das Dehnungs-*h* steht **nur vor den Konsonanten *l, m, n*** und ***r***.
> Es bleibt in allen verwandten Wörtern der Wortfamilie erhalten, z. B.:
>
> *kühl – die Kühlung, der Kühlraum; der Ruhm – ruhmreich, berühmt;*
> *die Bahn – die Schwebebahn, sich anbahnen; das Jahr – der Jahrestag, jährlich*

Wörter mit Doppelvokal

1 a) Hier passt jeweils ein Wort nicht in die Wortreihe. Streiche es durch.

leer	das Haar	das Moor
der Teer	die Vase	das Moos
sehr	der Saal	das Boot
die Seele	paarweise	das Tor

b) Welche Gemeinsamkeit haben die übrigen Wörter? Notiere deine Beobachtung.

_____

2 a) Lies den folgenden Text und unterstreiche alle Wörter mit Doppelvokal.

Heutzutage muss man nicht immer ans Meer oder an die See reisen, um die Tiere zu beobachten, die dort leben. In vielen Zoos kann man Delfine und Pinguine, manchmal aber auch Robben bestaunen. Gerade Delfine und Pinguine leben dort nicht alleine, sondern werden mindestens als Paar gehalten. Außerdem bringen die Tierpfleger ihnen Kunststücke bei. So können Delfine beispielsweise durch Reifen springen oder ein kleines Boot durchs Wasser ziehen. Allerdings muss man immer auf der Hut sein, denn so ein Delfin bringt einige hundert Kilo auf die Waage.

b) Sortiere die unterstrichenen Nomen mit ihren Artikeln in folgende Tabelle ein.

aa	ee	oo

c) Bilde mit den Nomen aus der Tabelle möglichst viele Wortzusammensetzungen und schreibe sie in dein Heft.

das Meer: die Meerjungfrau, der Meeresspiegel, ...

3 Lies den Merkkasten.

> Es gibt nur wenige Wörter mit **Doppelvokal (*aa, ee, oo*)**. Die Schreibung dieser Wörter musst du dir gut einprägen, z. B.:
> *das Haar, das Meer, das Moos*

Wörter mit langem *i*

1 Was weißt du bereits über Pinguine? Wo und wie leben sie? Was fressen sie? Was machen sie gerne? Wie groß werden sie?

In einem Steckbrief werden die wichtigsten Informationen stichpunktartig aufgeführt.

a) Informiere dich in einem Lexikon oder im Internet und erstelle in deinem Heft einen Steckbrief zu Pinguinen, in dem du die oben genannten Fragen beantwortest.

b) Lies nun den folgenden Text.

Leben an den Polen

Pinguine – In der Antarktis leben verschiedene Pinguin-Arten. Am weitesten südlich leben die Kaiserpinguine. Sie sind die größten Pinguine der Welt und werden bis zu 1,20 Meter groß. Im Wasser sind Pinguine blitzschnell und können mehrere Minuten lang die Luft anhalten. Adelie-Pinguine können mehr als hundert Kilometer ins Meer hinaus schwimmen.

5 Mit den Flügeln wird gepaddelt und der Schwanz dient ihnen als Ruder. [...]
Wenn es in der Antarktis Winter wird, begeben sich die Kaiserpinguine zu ihren Brutplätzen. Die Mutter lässt das frisch gelegte winzige Ei beim Vater zurück, damit er es ausbrütet. Weil es auf dem Eis viel zu kalt wäre für das Ei, wird es auf den Füßen abgelegt und mit einer wärmenden Bauchfalte bedeckt.

10 Wenn ungefähr vier Wochen später die Küken schlüpfen, kehren die Pinguin-Mamas zurück und bringen Nahrung für die Kleinen mit. Zum Sommerende wächst den jungen Pinguinen ein wasserdichtes Gefieder. Dann können sie selbst losziehen und im Meer auf die Jagd gehen.

c) Unterstreiche alle Wörter, die ein lang gesprochenes *i* enthalten, und markiere den *i*-Laut.

→ **Tipp 1**

d) Ordne die Wörter ein. Doppelt genannte Wörter müssen nur einmal angeführt werden.

ie: _____

_____

ih: _____

ieh: _____

i: *die Pinguine* _____

2 Formuliere nun eine Regel für die Schreibung von Wörtern mit langem *i*.

Das lang gesprochene i kann man als _____

schreiben. Meist findet man jedoch die Schreibung mit _____.

3 Wie lautet das Gegenteil? Schreibe ein passendes Wort mit *ie* auf die Linie daneben.

gewinnen *verlieren* _____   böse _____

der Sieg _____   der Start _____

der Zwerg _____   der Krieg _____

wenig _____   hoch _____

Tipp 3 ←

4 Notiere zu den folgenden Verben mindesten drei Wörter aus derselben Wortfamilie mit *ie*.

lieben *liebevoll,* _____

schließen _____

siegen _____

spielen _____

Tipp 3 ←

5 Leite von den fett gedruckten Verben verwandte Nomen ab und schreibe sie auf.

Meine Eltern haben im Urlaub ein Auto **gemietet**.

→ Wir sind die _____ .

Meine Mannschaft hat alle anderen beim Fußballturnier **besiegt**.

→ Wir sind die _____ des Turniers.

Gestern wurden unsere neuen Möbel **geliefert**.

→ Wir erhielten eine _____ .

> Wenn der Wortstamm mit *ie* geschrieben wird, so gilt diese Schreibung auch für alle verwandten Wörter, z. B.:
> *biegen,*
> *die Biegung,*
> *verbiegen*

6 Einige Verben bilden das Präteritum (die Vergangenheitsform) mit *ie*.
Ergänze die Vergangenheitsform in der 1. Person Singular (Einzahl).

schlafen *ich schlief* _____   raten _____   laufen _____

halten _____   rufen _____   bleiben _____

> Viele von Fremdwörtern abgeleitete Verben enden auf *–ieren*, z. B.:
> *explodieren*

7 Bilde aus folgenden Nomen verwandte Verben mit dem Suffix (der Nachsilbe) *-ieren*.

das Telefon _____   der Marsch _____

das Programm _____   die Frisur _____

die Kontrolle _____   die Korrektur _____

8 **a)** Unterstreiche bei den Wörtern im Wortspeicher das lang gesprochene *i*.

Mit Wort-
listen üben
↗ S. 70
Richtig
abschreiben
↗ S. 71–72

der Biber	der Igel	die Margarine	die Apfelsine	der Tiger
das Kino	die Musik	~~die Rosine~~	die Olive	die Fabrik
das Krokodil	die Maschine	der Termin	die Gardine	die Kabine

b) Übertrage die folgende Tabelle in dein Heft und ordne alle passenden Wörter richtig ein.

Lebensmittel	Tiere
die Rosine	...

c) Sortiere nun alle restlichen Wörter alphabetisch und schreibe sie in dein Heft.

9 Gesucht sind Wörter mit einfachem langem *i*. Notiere die Lösungswörter mit Artikel.

Motorenkraftstoff _____   Arzneimittel _____

Teil des Auges _____   verfallenes Gebäude _____

Meeressäugetier _____   Flusspferd _____

10 Ergänze den folgenden Lückentext mit den Pronomen (Fürwörtern) *ihm, ihn, ihnen* usw.

Es gibt nur
sehr **wenige
Wörter mit
ih**. Dabei
handelt es
sich um die
Pronomen
(Fürwörter).
Diese musst
du dir gut
merken:
**ihm, ihn,
ihnen, ihr**.

Wenn Malina aus _____ Fenster sieht, liegen Unmengen von Schnee und Eis

vor _____ . Gemeinsam mit _____ Eltern und _____ kleinen Bruder lebt sie

in einem kleinen Dorf am Rande der Antarktis. Obwohl _____ Bruder vier Jahre jünger

ist, geht sie gemeinsam mit _____ zur Schule. In _____ Dorf gibt es nämlich nur

14 Kinder und die gehen alle in dieselbe Klasse. In _____ Freizeit fährt sie gerne

mit _____ Freunden Schlitten. In eisigen Winternächten liebt sie es, sich in _____

Kuscheldecke zu wickeln und in _____ Lieblingsbuch zu schmökern.

11 Lies nun den Merkkasten und vergleiche ihn mit deiner Formulierung auf ↗ S. 37.

> Für die **Schreibung eines lang gesprochenen *i*** gibt es folgende Möglichkeiten: *i, ih, ie* und *ieh*.
> Die meisten Wörter schreibt man mit *ie*, z. B.:
> *v<u>ie</u>l, das T<u>ie</u>r*

Teste dich!

Schreibung von betonten langen Vokalen

/10

1 Mit oder ohne Dehnungs-*h*? Ergänze in den Lücken ein *h*, wenn es nötig ist.

le___ben   me___r   se___r   spä___t   ungefä___r

i___r   ha___ben   schla___fen   o___ne   wo___nen

wä___rend   mü___de   ra___ten   wa___rscheinlich   gera___de

scha___den   fü___ren   fü___len   we___gen   kle___ben

/5

2 Um welche Wörter mit Doppelvokal handelt es sich? Ergänze.

das M____s   der Z____l____r   die B____re   der S____l

der Schn____   das P____r   der Kl____   das H____r   der T____

/4

3 Wie wird das lange *i* in den folgenden Fällen geschrieben? Ergänze.

Durch die Abgesch____denheit der Antarktis g____bt es dort viele T____rarten, die sonst

nirgendwo exist____ren.

In kälteren Kl____maregionen sind T____re derselben Art durchschnittlich größer.

Die Kaiserpingu____ne sind mit 120 cm die größten ____rer Art.

4 Der folgende Text enthält acht Fehler bei der Schreibung von betonten langen Vokalen.
Die Fehleranzahl pro Zeile ist in Klammern angegeben.

/8

a) Lies den Text und unterstreiche die Fehlerwörter.

Pole der Erde

Lange Zeit wurde ganz im Norden der Erde das Ende der Welt vermuhtet. (1)
Seleute, die weit nach Norden segelten, um dieses unbekannte Gebit zu erkunden, mussten (2)
wieder umkeren. Die Gefahr, mit dem Schiff im Eis stecken zu bleiben und zu erfrieren, war (1)
einfach zu groß. Erst vor knapp 100 Jahren gelang es Abenteurern, den Nordpol und den (0)
Südpol zu erreichen. Das Ende der Welt haben sie dort nicht entdeckt, dafür aber die (0)
kältesten Gehgenden der Erde. Risige Gebiete rund um die Pole sind bedeckt von ewigem (2)
Eis. Es ist kaum vorstellbar – aber selbst in diesen eisigen Polargebieten lehben Menschen (1)
und Tire. Pinguine und Eisbären haben es zum Beispiel gerne lausig kalt. (1)

Achtung, Fehler!

/8

b) Korrigiere die Fehlerwörter und schreibe sie richtig in dein Heft.

gesamt   /35

Wiederholen und vertiefen

Schreibung von betonten langen Vokalen

1 a) Unterstreiche im folgenden Text alle Wörter, die einen betonten langen Vokal enthalten. Umkreise die langen Vokale.

→ **Tipp 1**

Liebe Oma!

Wie geht es dir? Mir geht es gut. Gestern haben Mama, Papa und ich einen Ausflug in den Zoo unternommen. Bei den Raubtieren haben mir die Tiger am besten gefallen. Aber ich fand auch die Hasen süß. Wusstest du eigentlich, dass Biber mit ihren spitzen Zähnen Bäume fällen können? Mittags haben wir uns in einem Restaurant eine kleine Pause gegönnt. Mama und Papa haben sich einen Kaffee bestellt, ich wollte aber lieber eine kühle Cola. Nachdem wir noch die Bewohner der Meere in ihren Aquarien besucht hatten, war es bereits so spät, dass wir uns auf den Heimweg machen mussten.

Viele liebe Grüße

deine Lisa

b) Trage die gekennzeichneten Wörter in die folgende Tabelle ein.

Doppelt genannte Wörter musst du nur einmal aufschreiben.

Schreibung von betonten langen Vokalen			
Einfacher Vokal	Dehnungs-*h*	Doppelvokal	*ie*

c) Suche dir aus jeder Spalte ein Wort heraus und bilde mit diesem einen neuen Satz.

Schreibung von betonten langen Vokalen

1 Gleich und doch anders. Folgende Wörter unterscheiden sich durch ihre Schreibung, nicht aber durch ihre Aussprache. Bilde zu jedem Wortpaar zwei Sätze, in denen die unterschiedliche Wortbedeutung deutlich wird. Schreibe in dein Heft.

| Lied – Lid | Boote – Bote | Wahl – Wal | wieder – wider | Mahl – Mal |

Tipp 2 ←

2 Auf dem Einkaufszettel sind die *i*-Laute verdeckt. Schreibe die Wörter mit langem *i* neben den Einkaufszettel.

200 Gramm Z◆genkäse

je ein K◆lo: Mandar◆nen

Clement◆nen

K◆w◆s

ein Bund Rad◆schen

ein L◆ter Himbeers◆rup

ein Päckchen Gr◆ß

3 Wie wird aus „Kahn" „Kohl", aus „Wabe" „müde" und aus „Moor" „Hahn"?
Löse das Buchstabenrätsel. Von Wort zu Wort darf nur ein Buchstabe verändert werden.
Jedes neu gebildete Wort muss sinnvoll sein.

K	a	h	n
K	o	h	l

W	a	b	e
m	ü	d	e

M	o	o	r
H	a	h	n

Übungen

Schreibung nach betonten kurzen Vokalen

Was kannst du schon?

K _ _ _ _ _ _ _ _ _

A _ _ _ _ _ _ _ _ _ _ _

P i r a t e n _ _ _ _ _ _ _

Ich bin der Schr _ _ _ _ _ _ der Meere!

P i r a t e n _ _ _ _ _ _

S _ _ _ _ k _ _ _ _ _

1 a) Was ist typisch für einen Piraten? Ergänze die fehlenden Buchstaben.

b) Überprüfe mit Hilfe der Lösungen, wie viele Wörter du richtig geschrieben hast.

2 Die Lösungswörter enthalten betonte kurze Vokale.

→ **Tipp 1**

a) Sprich die Lösungswörter langsam und deutlich aus. Markiere jeden kurzen Vokal mit einem Punkt.

b) Umkreise die Konsonanten, die nach dem betonten kurzen Vokal stehen.

3 In diesem Kapitel lernst du die wichtigsten Regeln für die Schreibung nach betonten kurzen Vokalen. Was weißt du bereits darüber? Notiere mit Hilfe der Ergebnisse aus ↗Aufgabe 2 eine vorläufige Regel in dein Heft.

4 Wie sicher deine Rechtschreibung ist, kannst du beim Schreiben eigener Texte erproben.

a) Schreibe eine Reizwortgeschichte, in der alle Lösungswörter aus ↗Aufgabe 1 vorkommen.

b) Kontrolliere die Rechtschreibung deiner Geschichte. Schlage Wörter, bei denen du unsicher bist, in einem Wörterbuch nach.

Texte über-
arbeiten
↗S. 66–69
Richtig nach-
schlagen
↗S. 77–80

Wörter mit zwei oder mehr verschiedenen Konsonanten

der Dolch   das Gold   der Säbel   die Nacht

die Küste   das Segel   der Mast   die Kiste   die Insel

der Hafen   der Sand   das Ruder   das Boot

das Meer

Tipp 1 ←

1 Wird der betonte Vokal lang oder kurz gesprochen?

a) Sprich die Wörter oben langsam und deutlich aus. Setze unter einen kurzen Vokal einen Punkt, ziehe unter einen langen einen Strich.

b) Umkreise die Konsonanten, die auf einen betonten kurzen Vokal folgen.

c) Wie viele Konsonanten folgen jeweils? Notiere deine Beobachtung.

_____

2 Ergänze die Lücken im folgenden Text mit passenden Wörtern aus ↗ Aufgabe 1.

In der _____ steuerten die Piraten oft eine einsame _____ an.

Dort gingen sie von Bord, um in dem _____ oder in Höhlen

nach _____ zu suchen. Dies war meist in einer _____ versteckt.

Selbst beim Durchstreifen der _____ waren alle Piraten mit einem

_____ bewaffnet. Sobald sie wieder in See gestochen waren, zogen sie ihre

Piratenflagge an dem _____ nach oben, damit man ihr Schiff schon von

Weitem erkennen konnte.

3 Lies nun den Merkkasten und vergleiche ihn mit deiner Beobachtung aus ↗ Aufgabe 1.

In den meisten Fällen folgen nach einem betonten kurzen Vokal **zwei oder mehr
verschiedene Konsonanten**, z. B.:
die Wolke, das Licht

Wörter mit doppelten Konsonanten

1 Notiere zu folgenden Wörtern jeweils zwei Nomen, die sich reimen. Orientiere dich bei der Schreibung am vorgegebenen Beispiel. Ergänze jeweils die Artikel.

das Schiff	die Rolle	die Mitte	das Kissen
_____R_____	_____W_____	_____B_____	_____B_____
_____Pf_____	_____Kn_____	_____S_____	_____W_____

2 a) Um zu erfahren, wie das Leben der Piraten aussah, musst du folgende Lücken füllen. Schreibe dazu die verdeckten Wörter richtig auf.

→ **Tipp 1, 2**

Das Leben an Bord eines Piratenschi⚑s war oft nicht einfach. Die Besatzungen bestanden häufig aus so vielen Mä⚑ern, dass es an Deck sehr eng war. Zudem gestaltete sich der A⚑tag meist sehr eintönig. Vor a⚑em beim E⚑en gab es kaum Abwechslung, de⚑ es war sehr schwierig, Lebensmi⚑el zu lagern. Vieles bega⚑ bereits nach kurzer Zeit zu schi⚑eln oder wurde von Ra⚑en angekna⚑ert. Meeresschildkröten waren die fleischliche Hauptnahrungsque⚑e an Bord. Im Wa⚑er sind diese Tiere zwar äußerst wendig und schne⚑, an Land aber waren sie eine leichte Beute für die Piraten. Frisches Obst oder Gemüse waren an Bord a⚑erdings Mangelware. Wegen des Vitaminmangels li⚑en die Piraten häufig an einer schli⚑en Krankheit namens Skorbut.

Piratenschi(ff)s _____

_____

_____

_____

b) Kennzeichne in den Wörtern die betonten kurzen Vokale, indem du sie mit einem Punkt markierst.

c) Umkreise die ergänzten Buchstaben.

3 Formuliere nun eine Regel, die besagt, wie man Wörter schreibt, bei denen man nach einem betonten kurzen Vokal nur einen Konsonanten hört.

Hört man nach einem betonten kurzen Vokal nur einen Konsonanten, so _____

_____ .

Zerlege das Wort in Sprechsilben. Wenn du am Ende der ersten und am Anfang der zweiten Silbe denselben Konsonanten hörst, dann musst du ihn verdoppeln.

4 a) Bilde aus folgenden Buchstaben möglichst viele Wörter mit Doppelkonsonanten und schreibe sie in die entsprechende Zeile. Dabei müssen nicht immer alle Spalten verwendet werden. Notiere Nomen mit ihren Artikeln.

1. Buchstabe	2. Buchstabe	3./4. Buchstabe	5./6. Buchstabe
T/t	a	ss	e
K/k	e	nn	er
B/b	i	tt	el
S/s	o	ff	en
F/f	u	mm	

ff: _____

mm: *immer,* _____

nn: _____

ss: *die Tasse,* _____

tt: _____

b) Kennzeichne jeweils die kurzen Vokale mit einem Punkt.

Tipp 3 ←

5 Suche zu den folgenden Wortstämmen jeweils vier weitere Wörter aus derselben Wortfamilie. Schreibe bei Nomen den Artikel dazu.

(-rett-)   *der Retter,* _____

_____

kennen, _____ (-kenn-)

_____

(-mess-)   *messbar,* _____

_____

6 Lies nun den Merkkasten und vergleiche ihn mit deiner Formulierung auf ⬈ S. 45.

> Hört man nach einem betonten kurzen Vokal nur **einen Konsonanten**,
> so wird dieser meist **verdoppelt**, z. B.:
> *das Schiff, schnell, wissen*

Wörter mit *ck* und *tz*

1 a) Im folgenden Text gibt es jeweils vier Wörter mit *ck* und *tz*. Unterstreiche sie.

Das Leben der Piraten

Piraten wurden häufig auch als Schrecken der Meere bezeichnet. Ihre Fahrten zielten darauf ab,
Kostbarkeiten zu entdecken, die an geheimen Plätzen versteckt waren. Um diese zu finden,
hielt die Besatzung immer zusammen. Die Aufgaben an Deck waren klar verteilt. Jeder musste
sich nützlich machen. Eine erfolgreiche Fahrt wurde nicht selten mit einem ausgedehnten
Fest gefeiert. Eine Schatzsuche konnte allerdings auch damit enden, dass die Piraten im Kerker
landeten. Viele kamen auch bei Kämpfen ums Leben.

b) Schreibe die Wörter mit *ck* und *tz* in die jeweilige Flagge und kennzeichne den betonten kurzen
Vokal mit einem Punkt.

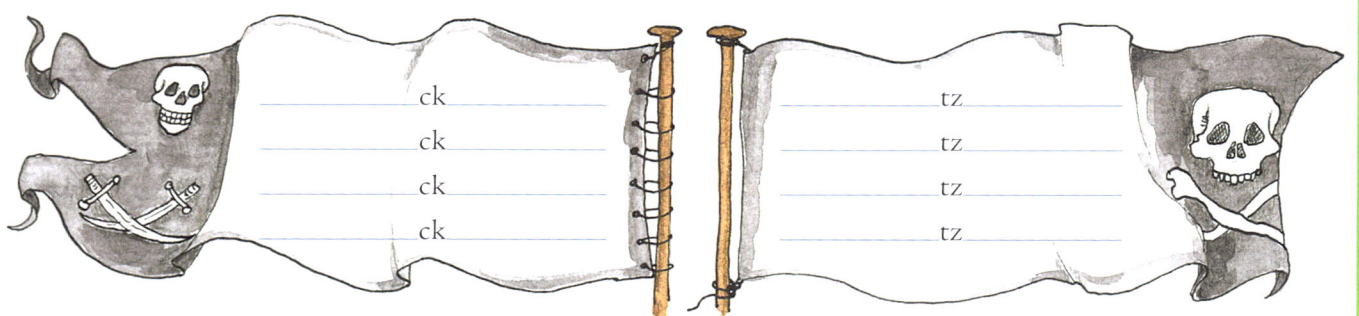

_____ ck	tz _____
_____ ck	tz _____
_____ ck	tz _____
_____ ck	tz _____

2 a) Suche jeweils die richtigen Reimwörter und schreibe sie neben die vorgegebenen Wörter.
Notiere Nomen mit ihren Artikeln.

Sitz – packen – Witz – Fleck – hacken – Speck

das Deck _____   _____

backen _____   _____

spitz _____   _____

b) Kennzeichne den betonten kurzen Vokal mit einem Punkt und umkreise die nachfolgenden
Konsonanten.

3 Vervollständige nun folgende Regel.

> Hört man nach einem betonten kurzen Vokal ein k oder z, so _____
>
> _____ .

Tipp 3 ←

Wortstamm: bedeutungstragender Kern eines Wortes, z. B.: ver**schmutzen,** **schmutzig,** der **Schmutz**

4 Wenn der Wortstamm mit *ck* bzw. *tz* geschrieben wird, so gilt diese Schreibung auch für alle verwandten Wörter.

a) Unterstreiche in den folgenden Wörtern den Wortstamm.

<u>ver**stec**ken</u>

der <u>Stec</u>ker   _____   sitzen   _____

packen   _____   der Platz   _____

b) Suche jeweils drei Wörter aus derselben Wortfamilie und schreibe sie dazu. Notiere Nomen mit ihren Artikeln.

5 Lies den Merkkasten und vergleiche ihn mit deiner Formulierung auf ↗ S. 47.

> Die Konsonanten **k** und **z** werden nach einem betonten kurzen Vokal **nicht verdoppelt**, sondern man schreibt *ck* bzw. *tz*, z. B.:
> der We̩cker, der Sa̩tz

6 Einige Fremdwörter schreibt man mit *kk* oder *zz*. Bilde aus folgenden Silbenbausteinen die gesuchten Fremdwörter. Dabei darf jede Silbe nur einmal verwendet werden.

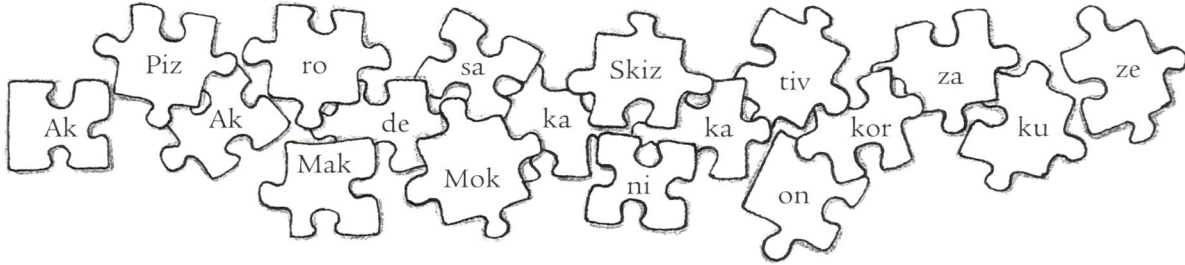

anderes Wort für „Schifferklavier" _____

italienische Nudelart _____

4. Fall im Deutschen _____

schnelle Zeichnung _____

sehr starker Kaffee _____

herzhaft belegtes Fladenbrot _____

Mit Wortlisten üben
↗ S. 70
Richtig abschreiben
↗ S. 71–72

Teste dich!

Schreibung nach betonten kurzen Vokalen

1 Ergänze die folgenden Regeln zur Schreibung nach betonten kurzen Vokalen.

/2

Nach einem betonten kurzen Vokal stehen meist _____ .

Hört man nach einem betonten kurzen Vokal nur _____ Konsonanten, so wird dieser

meist _____ .

2 Einfacher Konsonant oder Doppelkonsonant? Lies den folgenden Text und entscheide jeweils über die korrekte Schreibung. Notiere die verdeckten Wörter neben dem Text.

/6

Anne Bonny

Neben den Männern u███ter den Piraten

gab es auch i███er schon Pirati███en.

Eine davon war Anne Bonny. Ihr Vater

wa███derte von Irland nach Amerika aus,

5 um dort als A███walt zu arbeiten. In

Charleston le███nte Anne den Seema███

James Bonny ke███en und heiratete ihn.

Zusa███en sege███ten sie auf die Bahamas.

Dort verliebte sie sich a███erdings in den

10 Piraten Jack Rackam. Sie trennte sich von

James und u███terstützte Jack in Männer-

kleidern bei seinen Raubzügen.

_____

_____

_____

_____

_____

_____

_____

_____

_____

_____

_____

_____

3 Was siehst du auf den Bildern? Schreibe die Nomen mit Artikel jeweils darunter.

/4

_____ _____ _____ _____

gesamt /12

Wiederholen und vertiefen

Schreibung nach betonten kurzen Vokalen

1 Der Abenteuerroman „Die Schatzinsel" von Robert Louis Stevenson ist eine der bekanntesten Piratengeschichten der Weltliteratur.

a) Lies die folgenden Informationen zum Inhalt dieses Buches.

England im 18. Jahrhundert. Im väterlichen Gasthof „Admiral Benbow" entdeckt Jim Hawkins zufällig die Karte einer Insel mit genauen Angaben, wo der berüchtigte Seeräuber Flint seine erbeuteten Reichtümer vergraben hat. Die Freunde des Jungen beschließen, sofort ein Schiff zur Schatzsuche auszurüsten. Die „Hispaniola" sticht in See. In letzter Minute betritt der einbeinige Koch das Schiff. Er versteht es, die zwielichtige Mannschaft zusammenzuhalten, und gewinnt schnell das Vertrauen von Jim Hawkins.

Tipp 1 ← **b)** Unterstreiche im Text fünf Nomen mit betontem kurzem Vokal und notiere sie mit ihren Artikeln.

_____

_____

c) Kennzeichne den kurzen betonten Vokal mit einem Punkt.

2 Notiere mit jedem Doppelkonsonanten drei weitere Wörter.

Wörter mit *ff*: _der Pfiff,_ _____

Wörter mit *ll*: _wollen,_ _____

Wörter mit *tt*: _betteln,_ _____

Tipp 3 ← **3** Suche zu den folgenden Wörtern jeweils ein verwandtes Wort mit *ck* bzw. *tz* und schreibe es auf. Notiere Nomen mit ihren Artikeln.

schlucken _____ nützlich _____

fleckig _____ putzen _____

verstecken _____ der Witz _____

glücklich _____ der Schmutz _____

die Bäckerei _____ beschützen _____

Schreibung nach betonten kurzen Vokalen

1 In Robert Louis Stevensons Abenteuerroman „Die Schatzinsel" entdeckt ein Junge namens Jim Hawkins zufällig die Schatzkarte eines verstorbenen Piraten und begibt sich auf Schatzsuche.

→ **Tipp 2**

a) Lies den folgenden Text. Er enthält sieben Fehler bei der Schreibung nach betontem kurzem Vokal.

Achtung, Fehler!

Das Schiff hat die Schatzinsel erreicht. Aufmerksam beobachtet die Besatzung, wie die Piraten ungedulldig an Land gehen. Jim Hawkins folgt ihnen. Auf der Insel trifft er einen völlig verwillderten Man, der über den Schaz Bescheid weiß. Er führt Jim zu einem Blokhaus. Doch dann wird Jim von den Piraten gefangen genomen. Ihr Anführer verlangt die Schatzkarte, die ihm auch ausgehändigt wird. Die Piraten machen sich sofort auf die Suche nach den Reichtümern von Kapitän Flint. Schließlich erreichen sie die Stele, wo der Schatz vergraben wurde.

b) Unterstreiche die fehlerhaften Wörter.

c) Korrigiere die Fehlerwörter und schreibe sie richtig auf.

_____

_____

2 a) Bilde aus den folgenden Silben acht Nomen. Jede Silbe darf nur einmal verwendet werden. In Klammern ist die Anzahl der Silben, aus denen die gesuchten Wörter jeweils bestehen, angegeben.

An (2) – Pi (5) – nungs – Mes (2) – fang – Be (2) – ra – flag – Er (5) – griff – ge – To (3) – Schre (2) – zei – kopf – ken – ser – ten – ten – chen – An (2) – blick – cken

_____

_____

b) Ergänze den folgenden Lückentext mit den Lösungswörtern aus ↗ Aufgabe a).

Ihr _____ versetzte zahlreiche Matrosen in Angst und _____ :

Die _____ zeigt einen _____ und zwei gekreuzte Knochen

oder _____ . Das _____ der Piraten bezeich-

net man auch als „Jolly Roger". Wahrscheinlich leitet sich dieser _____ aus

dem Französischen ab und bedeutet „hübsches Rot". Am _____ war die Grund-

farbe der meisten Piratenflaggen nämlich Rot.

Übungen

Verzwickte Fälle der Rechtschreibung und Lernwörter

Was kannst du schon?

1 „Eragon" von Christopher Paolini ist ein packender Fantasy-Roman.

a) Lies die folgenden Informationen zum Inhalt dieses Buches. Sie enthalten zehn Rechtschreibfehler.

Achtung, Fehler!

Als Eragon einen glenzenden blauen Stein findet, glaubt der arme Bauernsohn, er habe (1)
einfach nur Glück gehabt. Doch dann entschlüpft dem vermeintlichen Stein ein (0)
Drachenjunges und beschert Eragon ein Fermächtnis, das älter ist als das Imperium selbst. (1)
Er gerät in eine gefehrliche Weld voller Schicksal, Magie und Macht. (2)
Mit nichts als einem altertümlichen Schwerd bewaffnet und keiner Unterstützung (1)
auser den Radschlägen eines alten Geschichtenerzehlers, müssen Eragon (3)
und das Drachenjunge sich grosen Bedrohungen und dunklen Feinden stellen – (1)
in einem Reich, regiert von einem Herrscher, dessen Grausamkeit keine Gränzen kennt. (1)
Wird Eragon das Erbe der legendären Drachenreiter antreten? (0)

b) Unterstreiche die Fehlerwörter. Die Anzahl der Fehler pro Zeile steht in Klammern.

c) Korrigiere die Fehler. Schreibe die Wörter richtig auf und markiere die Fehlerstelle.

_____

_____

_____

d) Vergleiche deine korrigierten Wörter mit der Lösung.

2 In diesem Kapitel lernst du, welche Strategien dir bei verzwickten Fällen der Rechtschreibung helfen und welche Lernwörter du dir gut merken musst.

Warum lächeln und nicht *lecheln*?

Warum schreibt man *fragt* und nicht *frakt*?

Und warum Handschuh und nicht *Hantschuh*?

Warum *flink* und nicht *fling*?

Warum Gebäude und nicht *Gebeude*?

Was weißt du bereits darüber? Lies die Fragen noch einmal und sieh dir die Lösungen aus ↗ Aufgabe 1 genau an. Notiere deine Überlegungen in deinem Heft.

Leicht verwechselbare Konsonanten und Vokale

Wörter mit ähnlich klingenden Konsonanten am Ende des Wortes oder Wortstamms

1 Setze in die Lücken die richtigen Formen ein. Überlege mit Hilfe der Wörterliste am Rand, was dir geholfen hat, die richtige Schreibung zu finden.

→ **Tipp 4**

Der König träg/kt (*trägt*) eine Krone. *kommt vom Infinitiv (der Grundform) „tragen"*

Der Prinz gibt dem König die Hand/t (_____). _____

Die Prinzessin ist krang/k (_____). _____

Die Königin lob/pt (_____) das Essen. _____

~~tragen~~
kränker
loben
die Hände

2 a) Erschließe die richtige Schreibung, indem du den Infinitiv (die Grundform) der Verben bildest. Notiere in Klammern die Grundform.

→ **Tipp 4**

Gretel gi_b_t (*geben*) Hänsel Kieselsteine.

Der Prinz lie___t (_____) Dornröschen.

Die goldene Kugel der Prinzessin sin___t (_____) in den Brunnen hinab.

Auf dem Ball erklin___t (_____) wundervolle Musik.

Aschenputtel bekla___t (_____) sich nicht über ihr Schicksal.

b) Bestimmt hätten sich die Märchenfiguren viel zu erzählen, wenn sie sich einmal treffen könnten. Stell dir vor, Dornröschen lädt Aschenputtel und Schneewittchen zum königlichen Kaffeeklatsch ein. Denke dir eine Unterhaltung aus und schreibe sie in dein Heft.

3 *b* oder *p*? *d* oder *t*? *g* oder *k*?

a) Ermittle die richtige Schreibung, indem du den Plural (die Mehrzahl) der Nomen bildest.

→ **Tipp 4**

Bil? →	*die Bilder*	*das Bild*
Schwer? →	_____	_____
Vol? →	_____	_____
Wal? →	_____	_____
Zwer? →	_____	_____
Die? →	_____	_____

b) Bilde mit den Nomen im Singular (in der Einzahl) je einen Satz. Schreibe in dein Heft.

Tipp 4 ←

4 Ermittle die richtige Schreibung, indem du die Adjektive steigerst. Bilde mit jeder Steigerungsform einen Satz und schreibe ihn auf.

muti*g* (g/k) →   *Merlin ist mutiger als die anderen Zauberer.*

lie___ (b/p) →   _____

lau___ (d/t) →   _____

Tipp 3,4 ←

5 Entscheide mit Hilfe der Verwandtschaftsprobe über die richtige Schreibung.

die Kun*d* schaft (*die Kunden*)   die Luf___ (_____)

tra___bar (_____)   stün___lich (_____)

erlau___t (_____)   der Han___schuh (_____)

6 Wie kannst du dir helfen, wenn du nicht weißt, ob am Wortende *b* oder *p*, *d* oder *t* und *g* oder *k*
steht? Ergänze den Merksatz.

So kann man ermitteln, ob ein Wort am Ende mit b oder p, d oder t und g oder k geschrieben

wird: Verben in den _____ setzen oder konjugieren.

Bei Nomen den _____ bilden.

Adjektive _____ .

Ein _____ Wort suchen.

7 a) Lies den Anfang des folgenden Märchens.

Einst le◆te auf einem Ber◆ ein bettelarmer Die◆. Er war unster◆lich in das wunderschöne
Bur◆fräulein verlie◆t. Jeden einzelnen Ta◆ sann er nach einer Mö◆lichkeit, ihr seine
tiefen Gefühle deu◆lich zu machen. Aber wie? Für ein kos◆bares Geschen◆ fehlte ihm das
nötige Kleingel◆. Ob es klu◆ wäre, ihr seine Liebe in einem Brief zu offenbaren? Aber wie
schrei◆t man einer so edlen Dame? Da war guter Ra◆ teuer! Eines Nachts begegnete ihm im
Traum eine mer◆würdige bun◆ gekleidete Gestal◆ ...

b) Welche Konsonanten sind hier verdeckt? Schreibe die Wörter richtig auf. Erkläre wie im Beispiel, was dir geholfen hat, die richtige Schreibung zu ermitteln.

→ **Tipp 3, 4**

lebte – leben (Grundform bilden),

c) Wie könnte das Märchen weitergehen? Schreibe eine Fortsetzung in dein Heft.

8 Lies nun den Merkkasten und vergleiche ihn mit deiner Regel auf ⬈ S. 54.

> Am Ende eines Wortes oder Wortstamms klingen **b–p**, **d–t** und **g–k** gleich.
> Wenn du diese Wörter **verlängerst** und deutlich sprichst, hörst du, welchen Konsonanten du schreiben musst (**Verlängerungsprobe**). Du kannst auch ein verwandtes Wort suchen (**Verwandtschaftsprobe**).
>
> ◗ Bilde bei Verben den Infinitiv (die Grundform) oder eine konjugierte Form, z. B.:
> *er glaubt – glauben*
>
> ◗ Setze Nomen/Substantive in den Plural (die Mehrzahl), z. B.: *der Korb – die Körbe*
>
> ◗ Steigere Adjektive, z. B.: *klug – klüger*
>
> ◗ Suche ein verwandtes Wort, z. B.: *die Schuld – schulden*

9 Bei wenigen Wörtern kann man keine verlängerten oder verwandten Formen bilden.
Die Schreibung dieser Wörter musst du dir gut einprägen.

> der Her**b**st – die Er**b**se – das O**b**st – hü**b**sch – der Kre**b**s – der Gi**p**s – der Pa**p**st – das Reze**p**t –
> der Se**p**tember – der Hen**g**st – das Pu**b**likum – we**g** – die An**g**st

a) Sieh dir die Lernwörter eine Minute lang gut an. Versuche, dir ihre Schreibung einzuprägen.

b) Decke nun den Wortspeicher ab und schreibe so viele Wörter wie möglich aus dem Gedächtnis in dein Heft.

c) Wie viele Wörter hast du dir gemerkt? Überprüfe, ob du sie richtig geschrieben hast.

d) Bilde mit allen fehlenden und fehlerhaften Wörtern einen Satz. Schreibe in dein Heft.

Mit Wort-
listen üben
⬈ S. 70

Richtig
abschreiben
⬈ S. 71–72

Wörter mit ähnlich klingenden Vokalen

Tipp 3 ←

1 a) *ä* oder *e*? Entscheide, welcher Vokal ergänzt werden muss. Wende, wenn möglich, die Verwandtschaftsprobe an. Notiere die verwandten Wörter darunter.

Länder	K__lte	H__md	l__ngst
Land			

Gl__ser	W__rme	fr__md	L__cheln

__ngstlich	G__nsen	Sch__fchen	H__nden

b) Ergänze den folgenden Märchenanfang mit passenden Wörtern aus ↗ Aufgabe a).

Das Mädchen mit den Schwefelhölzern

Es war Silvesterabend und bitterkalt. In der Dämmerung lief ein kleines Mädchen in seinem

zerrissenen _____ durch die Straßen. In seinen _____ und Füßen hatte es

schon _____ kein Gefühl mehr, aber es traute sich nicht heimzukehren, denn

es hatte noch keine Schwefelhölzer verkauft und

5 die Eltern wären bestimmt böse. Aus den erleuchte-

ten Fenstern strömte der Duft von gebratenen

_____ nach draußen und die

_____ funkelten im Kerzenlicht.

Es drückte sich an die Wände der Häuser, doch sie

10 spendeten keine _____ ...

c) Bilde mit den restlichen Wörtern jeweils einen Satz. Schreibe in dein Heft.

2 Den Unterschied zwischen *ä* und *e* kann man nicht hören. Was hilft dir, die richtige Schreibung zu ermitteln? Ergänze den folgenden Merksatz.

Um herauszufinden, ob ein Wort mit ä oder e geschrieben wird, hilft es, ein _____

zu suchen, z. B.: _____ .

3 Bilde von den folgenden Verben die vorgegebenen Personalformen und schreibe sie auf.

halten *du hältst, er hält* _____

schlafen _____

fangen _____

lassen _____

graben _____

vertragen _____

4 Bilde verwandte Wörter zu den vorgegebenen Wortstämmen und schreibe sie auf.   → **Tipp 3**

tänzeln _____   _____

_____   (**-tanz-**)   _____

_____   (**-wahl-**)   _____

5 Lies den Merkkasten und vergleiche ihn mit deiner Formulierung auf ↗ S. 56.

> Die Vokale **ä** und **e** klingen gleich. Der Wortstamm eines anderen Wortes aus
> derselben Wortfamilie hilft, die richtige Schreibung zu ermitteln.
> Enthält der Wortstamm eines **verwandten Wortes** ein **a**, dann schreibt man **ä**, z. B.:
> *gef**ä**hrlich – die Gef**a**hr*

6 Einige Wörter mit *ä* haben keine Verwandten mit *a*. Hier musst du dir die Schreibung merken.

a) In den folgenden Wörterschlangen stecken Wörter mit *ä*, die keine Verwandten mit *a* besitzen.
Trenne die Wörter durch einen Strich voneinander ab.

BÄRKÄNGURUÄHNLICHMÄRZMÄDCHENMÄRCHEN

DÄMMERUNGSPÄTTRÄNEÄRGER

ÄHRESÄGEGELÄNDERLÄRMKÄFERFÄHIGSCHRÄGKRÄHESTRÄHNE

b) Notiere die Wörter in korrekter Groß- und Kleinschreibung in dein Heft.
Schreibe bei den Nomen die Artikel dazu.

Mit Wort-
listen üben
↗ S. 70
Richtig
abschreiben
↗ S. 71–72

Tipp 3 ←

7 Bilde zu den folgenden Wörtern mit *äu* ein verwandtes Wort mit *au* und schreibe es daneben. Notiere Nomen mit ihren Artikeln.

gläubig *der Glaube* _____   die Räume _____   häuten _____

der Läufer _____   bläulich _____   die Läuse _____

der Käufer _____   der Räuber _____   die Fäuste _____

Tipp 3 ←

8 a) *äu* oder *eu*? Lies die folgenden Sätze.

Die Hexe braut ihren Zaubertrank mit allerlei Kr◆tern. (*das Kraut → die Kräuter*)

„H◆te back ich, morgen brau ich, übermorgen hol ich der Königin ihr Kind!"

Der Kobold versteckt einen B◆tel voller Gold.

Aschenputtel tr◆mt von einem Leben auf dem Schloss.

Die böse Königin lacht t◆flisch.

Das Gift des Apfels bet◆bt Schneewittchen.

Das Einhorn lebt in Gefangenschaft und ist eingez◆nt.

Zu Dornröschens Hochzeit kommen sehr viele L◆te.

b) Welche Doppellaute sind hier verdeckt? Schreibe die Sätze in dein Heft und ergänze die fehlenden Doppellaute. Überprüfe die Schreibung, indem du hinter Wörtern mit *äu* ein verwandtes Wort mit *au* notierst.

9 Lies den folgenden Merkkasten.

> Bei den meisten Wörtern kann man durch die **Verwandtschaftsprobe** feststellen, ob sie mit **äu** oder **eu** geschrieben werden. Wenn es ein **verwandtes Wort mit *au*** im Wortstamm gibt, schreibt man **äu**, z. B.:
> *die Z**äu**ne – der Z**au**n; h**äu**slich – das H**au**s*

Mit Wort-
listen üben
↗ S. 70
Richtig
abschreiben
↗ S. 71–72

10 Zu manchen Wörtern mit *äu* gibt es kein verwandtes Wort mit *au* im Wortstamm. Es sind Lernwörter, die du dir gut merken musst.

a) Lies jedes der folgenden Wörter zweimal laut.

b) Schreibe jedes Wort dreimal hintereinander in dein Heft.

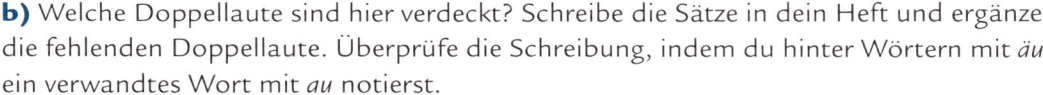

das Knäuel – sich sträuben – sich räuspern – täuschen – die Säule

Wörter mit *x/chs*

Die kleine EXHE

Die kleine X E E H M E P T T I X E R E N E I R für ihr Leben gerne in ihrem Keller mit verschiedenen T N M X I R U E. In ihrem Hexen-X K L E N O I sucht sie nach einem Rezept für einen Zaubertrank, der ihren Besen zum Fliegen bringt. Dazu schürt sie unter ihrem großen Kupferkessel ein X T E E M R heißes Feuer. Anschließend T I M X sie verschiedene Kräuter und gibt diese zusammen mit einem A E X R T Schuss Drachenblut in den Topf. Doch in dem Augenblick, als sie das Gemisch umrühren will, kommt es zu einer heftigen P L X E O O I S N und der Kessel fliegt durch das Fenster in den nahen E I N X N-teich. „T X V E I R F L, das ging wohl daneben", sagt die kleine H X E E, „dann muss ich wohl doch zu Fuß zum großen Hexentanz laufen."

1 In dem Text sind bei allen Wörtern mit *x* die Buchstaben vertauscht. Schreibe die Wörter richtig auf und ergänze bei Nomen den Artikel.

_____

_____

_____

Häufig findet man den Buchstaben *x* in Fremdwörtern, z. B.:

der Experte, der Luxus

2 Hier verstecken sich sechs Wörter mit *x*. Umkreise sie und schreibe sie in der richtigen Groß- und Kleinschreibung in dein Heft.

W I E X O T I S C H A U Q E X P O R T I E R E N S C H V P R A X I S Y G H H P F L Ö K Q
E X P E R I M E N T I E R E N A T Z U N I X E N Q L E X A M E N P L O

3 Löse das Rätsel. Gesucht sind Wörter mit *chs*.

daraus bestehen Kerzen: W _ _ _ _ _ _   männliches Rind: O _ _ _ _ _ _

mittelgroßes katzenartiges Raubtier: L _ _ _ _ _   größer werden: w _ _ _ _ _ _ _

Raubtier mit rötlichem Fell: F _ _ _ _ _   Pflanze: G _ _ _ _ _ _ _

Mit Wort-listen üben
↗ S. 70
Richtig abschreiben
↗ S. 71–72

4 Lies aufmerksam den folgenden Merkkasten.

> Der Buchstabe **x** und die Buchstabenfolge **chs** werden wie „*ks*" gesprochen. Präge dir die Schreibung dieser Lernwörter gut ein, z. B.:
>
> *boxen, das Experiment, das Taxi*
> *wa**chs**en, we**chs**eln, die Eide**chs**e*

Lernwörter mit *V/v*

1 a) Falsch verbunden? Lies die folgenden Sätze.

Ein Spaziergang bei <u>Vanillemond</u> ist ja so romantisch!

Julia verspeist genüsslich ihren <u>Vogelpudding</u>.

Simons Lieblingssportart ist <u>Völkerstall</u>.

Ein <u>Vollausbruch</u> ist eine schwere Naturkatastrophe.

Die Rinder machen es sich nachts im <u>Viehball</u> gemütlich.

Unser Kanarienvogel zwitschert munter in seinem <u>Vampirkäfig</u>.

Ein <u>Vulkanbiss</u> beschert einem auf grausige Weise Unsterblichkeit.

b) Die unterstrichenen zusammengesetzten Wörter sind falsch miteinander verknüpft.
Verbinde sie richtig und schreibe sie mit ihrem Artikel in dein Heft.

c) Schreibe die Sätze mit den richtig zusammengesetzten Wörtern in dein Heft.

2 Ergänze den folgenden Text mit passenden Wörtern aus dem Wortspeicher am Rand.

Hänsel und Gretel

Gretel hatte einen schrecklichen _____ . Der _____ wollte sie

und Hänsel beim nächsten _____ in den Wald schicken. Wie sollten

sie dort denn auch nur eine Nacht _____ ? Wie konnte sie das nur

_____ ? Sie musste sich gut _____ . Rechtzeitig wollte sie

sich mit Hänsel im Schuppen hinter dem Haus _____ .

> der
> Vollmond
> vorbereiten
> verhindern
> der Verdacht
> der Vater
> verbringen
> verstecken

3 Ergänze jeweils den fehlenden Buchstaben und notiere die vollständigen Wörter.
Schreibe bei Nomen den Artikel dazu.

?ierzig → *vierzig*_____   ?erbot → _____   ?orne → _____

?erein → _____   ?ielleicht → _____   bra? → _____

4 Lies aufmerksam den folgenden Merkkasten.

Mit Wort-
listen üben
↗ S. 70
Richtig
abschreiben
↗ S. 71–72

> Den Buchstaben **v** verwendet man für den **f-** oder den **w-Laut**, z. B.:
>
> *das Ventil, der Pavian, die Vanille* (w-Laut)
> *viel, vergesslich, der Vogel* (f-Laut)
> Wörter mit *V/v* sind Lernwörter. Präge sie dir ein oder schlage sie im Wörterbuch nach.

Lernwörter mit ß

1 a) Lies den folgenden Text und unterstreiche alle Wörter, die ein ß enthalten.

Rotkäppchen

Es war einmal ein kleines Mädchen, das alle Leute gern hatten. Am aller-
liebsten aber hatte es die Großmutter. Einmal nähte sie ihm ein Käppchen
aus rotem Samt, das das Mädchen gar nicht mehr absetzen wollte, und so
hieß es von da an nur noch „Rotkäppchen".

5 Eines Tages sagte die Mutter zu ihm: „Rotkäppchen, die Großmutter ist
krank. Hier hast du Kuchen, Weißbrot und Wein, bring das der Großmutter. Pflücke unterwegs noch einen Strauß frischer Blumen, darüber
freut sie sich bestimmt. Genießt den schönen Tag zusammen, habt ein
bisschen Spaß, aber nimm dich vor dem gefräßigen Wolf in Acht. Richte

10 der Großmutter einen lieben Gruß und gute Besserung von mir aus." Und
so machte sich Rotkäppchen an einem heißen Sommertag auf den Weg.

b) Schreibe alle Wörter mit einem ß heraus. Notiere Nomen mit ihrem Artikel.
Doppelt vorkommende Begriffe musst du nur einmal aufschreiben.

_____

_____

c) Umkreise das ß und unterstreiche die Vokale oder Doppellaute vor dem s-Laut farbig.

d) Der Text enthält drei Nomen mit ß, die nicht zusammengesetzt sind. Bilde jeweils den Plural
(die Mehrzahl) und schreibe beide Formen mit Artikel in dein Heft.

2 Bilde zu den folgenden Wortstämmen mit ß je drei Wörter derselben Wortfamilie und schreibe   → **Tipp 3**
sie auf. Unterstreiche jeweils den Wortstamm.

-süß- _____

-groß- _____

3 Vervollständige nun den folgenden Merksatz.

Nach einem _____ oder _____ schreibt	
man den s-Laut meistens mit _____ .	

4 a) Ergänze in der Fortsetzung des Märchens passende Wörter mit ß aus dem Wortspeicher.

Straße – vergaß – heißt – stieß – barfuß – süßer – Großmutter

Zunächst überquerte Rotkäppchen eine _____ , bevor es den Weg durch den

Wald einschlug. Weil der Boden so schön weich war, zog es seine Schuhe aus und lief

_____ weiter. Da _____ es auf den Wolf. Er fragte

mit _____ Stimme: „Wie _____ du und wohin gehst du?"

Rotkäppchen, das alle guten Ratschläge der Mutter _____ , antwortete:

„Zur _____ . Sie wohnt am anderen Ende des Waldes."

Tipp 2 ←

Der *s*-Laut kann sich innerhalb einer Wortfamilie ändern, wenn der kurze Vokal zu einem langen wird oder umgekehrt, z. B.:

schie̲ßen –

der Schu̱ss

me̲ssen –

das Ma̱ß

b) Notiere in der folgenden Tabelle die Verben aus dem Wortspeicher im Infinitiv (in der Grundform). Bilde anschließend die angegebenen Zeit- und Personalformen.

Infinitiv (Grundform)	1. Person Singular Präsens (Einzahl, Gegenwart)	3. Person Plural Präteritum (Mehrzahl, Vegangenheit)
heißen	*ich heiße*	*sie hießen*
essen		
	ich verlasse	
		sie gossen
		sie bissen

c) Fülle die übrigen Spalten der Tabelle aus. Beachte den Hinweis am Rand.

d) Märchen brauchen immer ein Happy End? Von wegen! Denke dir ein neues Ende der Geschichte von Rotkäppchen aus. Schreibe die Fortsetzung in dein Heft. Unterstreiche die Wörter mit ß. Umkreise anschließend das ß und markiere die Vokale vor dem ß.

5 Lies abschließend den Merkkasten und vergleiche ihn mit deiner Formulierung auf ↗ S. 61.

Nur wenige Wörter werden mit **ß** geschrieben. Vor dem ß steht immer ein betonter langer Vokal oder ein Doppellaut, z. B.: *die Stra̱ße, fli̱eßen, scheu̱ßlich*

Teste dich!

Verzwickte Fälle der Rechtschreibung und Lernwörter

1 b oder p? d oder t? g oder k? Entscheide mit Hilfe der Verlängerungs- oder Verwandtschaftsprobe, welche Konsonanten du im Märchenanfang ergänzen musst. /6

Es war einmal ein Köni___ , der hatte eine bil___hübsche Frau, die er sehr lie___ hatte. Ihr Haar

glänzte wie Gol___ . Ihresgleichen ga___ es nicht mehr auf der Wel___ . Doch es geschah, dass

sie kran___ lag und fühlte, dass sie bald sterben würde. Sie sprach zu ihrem Mann: „Wenn du

dir nach meinem To___ wieder eine Brau___ suchst, so muss sie genauso hübsch sein wie ich."

Er versprach es und sie star___ . Das ganze Vol___ bekla___te diesen Verlust.

2 Begründe die Schreibung der folgenden Wörter, indem du ein verwandtes Wort mit *a* oder *au* notierst. /4

gefährlich _____   säuerlich _____

die Mäuse _____   aufräumen _____

3 Gesucht sind Wörter mit *V/v*. Notiere die Lösungswörter. Ergänze bei Nomen den Artikel. /5

Wer spuckt Lava? _____

Wer ernährt sich von Blut? _____

Was sorgt dafür, dass dem Fahrradreifen nicht die Luft ausgeht? _____

Wie viele Räuber besiegt Ali Baba? _____

Wer ist sprichwörtlich die Mutter der Porzellankiste? _____

4 a) Markiere bei den unvollständigen Wörtern die betonten langen Vokale und Doppellaute mit einem Strich und die betonten kurzen Vokale mit einem Punkt. /4

b) Füge *ss* oder *ß* in die Lücken ein. /4

Es go_____ in Strömen, deshalb musste der Schlossgärtner die Blumen nicht mehr gie_____en.

Beim Festmahl war das E_____en so köstlich, das jeder viel zu viel a_____ .

Sie verlie_____ sich auf seine Zusage, dass er sie niemals verla_____en würde.

Der König liebte seine Frau über alle Ma_____en, denn keine konnte sich mit ihr me_____en.

gesamt /23

63

Wiederholen und vertiefen

Verzwickte Fälle der Rechtschreibung und Lernwörter

Tipp 3,4 ←

1 a) Ergänze mit Hilfe der Verlängerungs- oder Verwandtschaftsprobe die fehlenden Konsonanten.

ro____ (d/t)	die Bur____ (g/k)	das Sie____ (b/p)
der Wir____ (d/t)	der Sie____ (g/k)	der Hun____ (d/t)
der Tran____ (g/k)	das Hau____ (b/p)t	das Hem____ (d/t)

Bei einigen Zusammen-setzungen musst du einen Füll-buchstaben ergänzen, z. B.:

die Zitrone + gelb →
zitronengelb

b) Bilde mit den Lösungswörtern aus ↗ Aufgabe a) und den folgenden Wörtern sinnvolle Zusammensetzungen. Notiere die Nomen mit Artikel.

> das Haus – der Zauber – die Stadt – der Kragen – auswärts –
> das Haar – der Graben – der Wein – die Hütte

_____

_____

_____

Tipp 3 ←

2 Begründe die Schreibung der folgenden Wörter, indem du ein verwandtes Wort notierst.

> zählbar – die Kräuter – der Verkäufer – quälen – unschätzbar – verständlich – träumen

zählbar – die Zahl, _____

_____

3 Suche im Wortversteck fünf Lernwörter mit *x* und fünf Lernwörter mit *V/v* und schreibe sie auf. Dabei dürfen Buchstaben doppelt verwendet werden.

V	I	K	S	V	E	R	L	I	E	R	E	N
L	M	O	V	T	K	X	W	O	V	A	L	A
B	I	T	Z	S	T	A	X	I	D	B	T	B
X	X	L	V	A	N	I	L	L	E	O	S	R
A	E	X	O	T	I	S	C	H	Z	X	E	A
U	N	P	G	A	E	X	I	K	J	E	P	V
V	A	T	E	R	T	D	C	I	K	N	V	U
Ö	B	X	L	U	X	U	S	R	F	X	P	L

_____

_____

_____

_____

_____

_____

Verzwickte Fälle der Rechtschreibung und Lernwörter

1 Hast du dir die Lernwörter bei den leicht verwechselbaren Konsonanten gut eingeprägt?
Dann löse folgendes Rätsel.

Ein gebrochener Arm kommt in

eine Hülsenfrucht

Oberbegriff für Äpfel, Birnen, …

anderes Wort für „schön"

ein Krustentier

Oberhaupt der katholischen Kirche

Anleitung zum Kochen

2 Im folgenden Märchen sind zehn Wörter mit *ss* oder *ß* falsch geschrieben.

→ **Tipp 1, 2**

a) Lies das Märchen und unterstreiche die Fehlerwörter.

Achtung, Fehler!

Der süsse Brei

Es war einmal ein armes frommes Mädchen, das lebte mit seiner Mutter allein und sie hatten
nichts mehr zu eßen. Da ging das Kind hinaus in den Wald. Dort begegnete ihm eine alte Frau.
Die wußte seinen Jammer schon und schenkte ihm ein Töpfchen. Zu dem sollte es sagen:
„Töpfchen, koche", so kochte es guten Hirsebrei und wenn es sagte: „Töpfchen, steh", so hörte
5 es wieder auf zu kochen. Das Mädchen brachte den Topf seiner Mutter heim und wann immer
sie Hunger hatten, assen sie den Brei. Auf eine Zeit war das Mädchen ausgegangen, da sprach
die Mutter: „Töpfchen, koche", da kocht es und sie ißt sich satt; nun will sie, dass das Töpfchen
wieder aufhören soll, aber sie weiss das Wort
nicht. Also kocht es fort und der Brei steigt über
10 den Rand hinaus und kocht die Küche und das
ganze Haus voll und dann die Strasse, als wollt's
die ganze Welt satt machen. Die Mutter geriet in
grösste Not und keiner wußte ihr zu helfen.
Endlich, wie nur noch ein Haus übrig ist, da
15 kommt das Kind heim und spricht: „Töpfchen,
steh", da hört es auf zu kochen. Wer nun wieder
in die Stadt wollte, der mußte sich durchessen.

b) Korrigiere die Fehlerwörter und schreibe sie richtig in dein Heft.

Strategien 2

Tipps und Techniken zum Weiterüben

Texte überarbeiten

1 Der folgende Text ist eine mögliche Lösung der ⬏ Aufgabe 8, S. 19.

a) Lies die Geschichte. Sie enthält sieben Rechtschreibfehler.

Einmal Mond und zurück

Heute Morgen bin ich nicht in meinem Bett aufgewacht, sondern sass in der ersten Rakete zum Mond. Bevor ich einen klaren gedanken fassen konnte, lächelte mich Neil Armstrong* an und sagte: „Willkommen an Bord!"
Langsam dämmerte es mir: Ich hatte mich auf eine zeitreise begeben. Und so kam es, dass ich im Jahr 1969 in der „Apollo 11" durchs Weldall jagte. Armstrong und die anderen Astronauten hatten alle Hände voll zu tun, um das Raumschiff zu mannövrieren und schenkten mir keine Beachtung. Ich blickte aus dem Fenster und sah unseren planeten immer kleiner werden. Meine aufregung wuchs. Was würde mich auf dem Mond erwarten? ...

* **Neil Armstrong:** amerikanischer Astronaut, der als erster Mensch den Mond betrat

b) Welche Wörter sind falsch geschrieben? Unterstreiche sie mit einem Bleistift.

c) Markiere neben den unterstrichenen Wörtern in der Randspalte:

? Hier vermutest du einen Fehler.
! Hier bist du dir sicher, dass das Wort falsch ist.

d) Vergleiche mit der Lösung und unterstreiche alle Fehlerwörter. Hake die Wörter ab, die du selbst gefunden hast.

2 Eine Fehleranalyse hilft, Fehler besser zu verstehen und zu vermeiden.

a) Übertrage die Tabelle in dein Heft und trage die Fehlerwörter aus ↗ Aufgabe 1 korrigiert ein.
Markiere die Fehlerstellen farbig.

Fehleranalyse (Text: „Einmal Mond und zurück")		
Korrektur	Warum ist das Wort falsch?	Wie vermeide ich den Fehler?
saß	s-Laut nach betontem langem Vokal mit ß oder s	Tipp 1: Wörter genau aussprechen! Tipp 2: Regeln für die Schreibung von betonten langen und nach betonten kurzen Vokalen wiederholen!
...	...	...

b) Erkläre in der zweiten Spalte, warum das Wort falsch geschrieben ist.

c) Nenne in der dritten Spalte Tipps, die dir helfen, den Fehler zu vermeiden.

d) In einem Bereich muss die Verfasserin / der Verfasser des Textes noch besonders üben.
Sieh dir die Fehleranalyse noch einmal genau an. Kreuze an, in welchem Bereich die meisten
Fehler auftreten.

☐ Groß- und Kleinschreibung   ☐ Schreibung von langen Vokalen   ☐ Lernwörter

---

Wenn du verstehst, warum du einen Rechtschreibfehler gemacht hast, hilft dir das,
den Fehler zukünftig zu vermeiden. Gehe bei der **Fehleranalyse** schrittweise vor:

Schritt 1:
Lass den Text von jemandem korrigieren, der sicher in der Rechtschreibung ist.

Schritt 2:
Lege eine Tabelle zur Fehleranalyse an:

Fehleranalyse (Text:)		
Korrektur	Warum ist das Wort falsch?	Wie vermeide ich den Fehler?

Schritt 3:
Korrigiere das Fehlerwort und trage es ein (1. Spalte). Markiere die Fehlerstelle farbig.

Schritt 4:
Erkläre, warum das Wort falsch geschrieben ist (2. Spalte).

Schritt 5:
Erkläre, wie man den Fehler vermeiden kann. Nenne Strategien zur Vermeidung (Tipps) und
erkläre sie kurz (3. Spalte).

3 Der folgende Text ist eine mögliche Lösung der ↗ Aufgabe 3, S. 16. Die Geschichte enthält fünf Rechtschreibfehler. Untersuche den Text und erstelle eine Fehleranalyse.

Der Montagshund

Achtung, Fehler!

Viel weniger bekannt als der Osterhase ist der Montagshund. Er stellt sich jeden Montag auf den grössten Platz der Stadt und pfeift seine Montagsmelodie. Das merrkt aber nie jemand, höchstens ab und zu ein anderer Hund, der ihn sofort ankläfft. Der Montagshund ärgert sich jeden Montag grün und blau über seine erfolglosigkeit und ist sehr Neidisch auf den Osterhasen, aber ich muss ehrlich sagen, das mit den Eiern finde ich auch die besere Idee.

4 Die Checkliste auf ↗ S. 69 hilft dir, deine Fähigkeiten in der Rechtschreibung besser einzuschätzen und gezielt zu üben.

a) Erstelle zu Texten, die du geschrieben hast, eine Fehleranalyse.

b) Stelle mit Hilfe der Checkliste auf ↗ S. 69 fest, in welchen Bereichen der Rechtschreibung du schon sicher bist und wo du noch üben musst. Für jeden Text hast du eine Spalte. Verwende folgende Markierungen:

+ Hier bin ich schon sicher.
– Hier mache ich noch Fehler und muss in diesem Bereich weiterüben.

c) Übe die Bereiche der Rechtschreibung, bei denen du noch viele Fehler machst. Die Tipps und Techniken zum Weiterüben, die auf den folgenden Seiten vorgestellt werden, helfen dir dabei.

	Text 1	Text 2	Text 3	Text 4	Text 5
Groß- und Kleinschreibung					
Nomen an ihren Begleitwörtern erkennen und großschreiben, z. B.: *Er liest den Text.*					
Nominalisierte Verben erkennen und großschreiben, z. B.: *das schöne Lachen*					
Nominalisierte Adjektive erkennen und großschreiben, z. B.: *Sie erzählte mir etwas Lustiges.*					
Nomen an typischen Suffixen (Nachsilben) erkennen und großschreiben, z. B.: *die Erklärung*					
Adjektive an typischen Suffixen (Nachsilben) erkennen und kleinschreiben, z. B.: *erklärbar*					
Schreibung von betonten langen Vokalen					
Wörter mit einfachem Vokal richtig schreiben, z. B.: *der Hut*					
Wörter mit Dehnungs-*h* richtig schreiben, z. B.: *fehlen*					
Wörter mit Doppelvokal richtig schreiben, z. B.: *der Saal*					
Wörter mit *ie* richtig schreiben, z. B.: *spielen*					
Lernwörter mit einfachem *i* richtig schreiben, z. B.: *der Tiger*					
Schreibung nach betonten kurzen Vokalen					
Wörter mit zwei oder mehr verschiedenen Konsonanten richtig schreiben, z. B.: *das Land, du winkst*					
Wörter mit Doppelkonsonanten richtig schreiben, z. B.: *das Schiff, hocken, witzig*					
Verzwickte Fälle der Rechtschreibung und Lernwörter					
Wörter mit ähnlich klingenden Konsonanten am Wortstammende verlängern und richtig schreiben, z. B.: *der Hund/t? – die Hunde = der Hund*					
Wörter mit ähnlich klingenden Vokalen ableiten und richtig schreiben, z. B.: *läu/euten? – der Laut = läuten*					
Lernwörter mit *V/v* richtig schreiben, z. B.: *die Vase*					
Wörter mit *ß* nach betontem langem Vokal richtig schreiben, z. B.: *fließen*					
Wörter mit *x/chs* richtig schreiben, z. B.: *die Praxis, wachsen*					

Mit Wortlisten üben

Wörter, die du häufig falsch schreibst, kannst du mit Hilfe von Wortlisten üben.

- Du arbeitest an deinen persönlichen Fehlerschwerpunkten.
- Du lernst die richtige Schreibung, indem du dich besonders auf die Schreibung eines Wortes konzentrierst.
- Du korrigierst deine Fehler selbst und kannst daraus lernen.

1 Erstelle eine Wortliste mit eigenen Übungswörtern in deinem Heft.

a) Falte ein Blatt Papier wie im Beispiel, sodass drei gleich breite Spalten entstehen.

Spalte 1	Spalte 2	Spalte 3
die Rosine	die Rosine	~~die Rosiene~~
die Vanille		die Vanille ✓
verstecken		verstecken ✓
er kam		er kam ✓
loslassen		loslassen ✓
das Diktat	das Diktat	~~das Dicktat~~
aggressiv	aggressiv	~~aggressiv~~
der Wal		der Wal ✓
der Trainingsplan		der Trainingsplan ✓
die Autobahnraststätte		die Autobahnraststätte ✓
schädlich	schädlich	~~schedlich~~

Richtig nach-
schlagen
➚ S. 77–80

b) Trage in die erste Spalte Wörter ein, die du besonders üben möchtest. Überprüfe, ob du die Wörter richtig geschrieben hast (z. B. mit Hilfe eines Wörterbuches).

c) Lies das erste Übungswort und präge es dir gut ein. Klappe dann die erste Spalte um und schreibe das Übungswort in die dritte Spalte.

d) Decke die Liste mit den Übungswörtern wieder auf. Überprüfe, ob du das Wort richtig geschrieben hast.

e) Setze einen Haken bei richtig geschriebenen Wörtern. Streiche das Wort durch, wenn es falsch geschrieben ist, und schreibe es in der mittleren Spalte noch einmal richtig auf.

Richtig abschreiben

Du kannst an deiner Rechtschreibung arbeiten, indem du Wörter und Sätze richtig abschreibst.

- Du kannst mit Hilfe der Texte bestimmte Rechtschreibschwerpunkte üben.
- Du lernst die Schreibung, indem du dir Teilsätze einprägst und dich darauf konzentrierst.
- Du korrigierst deine Fehler selbst und kannst daraus lernen.

1 Der folgende Text enthält viele Wörter mit *ie*.

a) Lies den Text langsam und aufmerksam durch. Unterstreiche alle Wörter mit *ie*.

Licht – sichtbare Energie /

Das Sonnenlicht legt die Strecke zur Erde /
in ungefähr vier Minuten zurück. /
Weil die Gegenstände /
das Sonnenlicht reflektieren, /
sind sie hier auf der Erde sichtbar. /
Selbst in tiefster Nacht /
ist es nie vollkommen dunkel. /
Schließlich reflektiert der Mond /
das Sonnenlicht auf die Erde. /

b) Bereite in deinem Heft eine Schreibseite mit zwei Spalten wie im Beispiel vor.

	Korrektur
Licht – sichtbare ~~Energi~~	Energie
Das Sonnenlicht legt die Strecke zur Erde ✓	
…	…

c) Präge dir den ersten Schreibabschnitt (gekennzeichnet durch /) ein, decke ihn ab und schreibe ihn auf.

d) Vergleiche den Schreibabschnitt mit der Vorlage. Achte vor allem auf die Schreibung der Wörter mit *ie*.

- Hake ab, wenn du alles richtig geschrieben hast.
- Verbessere auf der rechten Seite, wenn du einen Fehler findest.

e) Nimm dir den nächsten Schreibabschnitt vor.

Durch **richtiges Abschreiben** kannst du deine Rechtschreibung gezielt verbessern.
Gehe schrittweise vor:

1. Schritt:
Lies den Text aufmerksam durch.

2. Schritt:
Präge dir den ersten Schreibabschnitt ein. Decke die Vorlage ab und schreibe den Schreibabschnitt auf.

3. Schritt:
Vergleiche mit der Vorlage. Hake ab, wenn die Schreibung stimmt. Verbessere, wenn du Fehler findest.

4. Schritt:
Nimm dir den nächsten Schreibabschnitt vor.

2 Bei den folgenden Texten sind ausgewählte Rechtschreibschwerpunkte in Klammern angegeben. Übe die Schreibung der Wörter durch richtiges Abschreiben. Schreibe in dein Heft.

Nachts taghell

(Wörter mit Doppelkonsonanten)

Die Menschen brauchten schon immer /
Lichtquellen, um nachts sehen zu können. /
Zu Beginn nutzten sie /
die Helligkeit des Feuers. /
Schritt für Schritt fanden sie /
neue Mittel und Wege, /
um künstliches Licht herzustellen. /
Mit der ersten elektrischen Glühbirne /
hatten die Menschen endlich /
eine verlässliche Lichtquelle. /

Wenn Draht glüht

(Wörter mit Dehnungs-h)

Eine bahnbrechende Erfindung /
stahl 1879 der Sonne die Show: /
Thomas Edison erfand /
eine strahlende Lichtquelle, die Glühbirne. /
Darin befand sich ein dünner Draht, /
der Glühfaden genannt wird. /
Fließt Strom durch den Draht, /
wird er sehr heiß und glüht. /
Heute zählt die Glühbirne für uns /
zu den gewöhnlichen Alltagsgegenständen. /

Außergewöhnliche Kraft

(Wörter mit s-Lauten)

Schon die alten Griechen wussten, /
dass die Natur eine große Kraft hat. /
Sie fanden heraus, dass ein Gegenstand /
nach Reibung plötzlich Dinge anzieht. /
Diese Kraft heißt elektrostatische Aufladung. /
Die Elektrizität, die hier fließt, /
war für viele lange Zeit furchteinflößend. /

Mutiger Entdecker

(Wörter mit ck und tz)

Benjamin Franklin entdeckte, /
dass Blitze elektrisch aufgeladen sind. /
Er befestigte eine Eisenspitze /
am Ende eines Drachens /
und an der Drachenschnur einen Schlüssel. /
Als ein Blitz in die Spitze einschlug, /
erblickte er einen Funken am Schlüssel. /

Diktate schreiben

Diktate können dir helfen, die Rechtschreibung zu trainieren und dich darin zu verbessern.

- Du kannst Wörter, bei denen du dich oft verschreibst, besonders üben.
- Du lernst, genau hinzuhören und dich auf Wörter und Satzteile zu konzentrieren.
- Du korrigierst deine Fehler mit einer Lernpartnerin / einem Lernpartner oder selbst und lernst daraus.

1 a) Lies den folgenden Text.

Der ungerechteste Sport der Welt?

Wer glaubt, / der Bessere gewinnt, / der irrt! / Beim
Fußball geht nicht selten / der Schwächere / als Sieger
vom Platz. / Er könnte beispielsweise / durch einen
Zufallstreffer / oder einen ungerechtfertigten Elfmeter /

gewinnen. / Im Handball, / wo pro Spiel / auch mal sechzig Tore fallen, / ist so ein Glücks-
schuss / flugs wieder ausgeglichen. / Im Fußball, / wo das Spielfeld / vergleichsweise groß ist, /
dagegen nicht. / Und darum gibt es / in kaum einer anderen Ballsportart / so wenige Treffer. /

b) Unterstreiche die Wörter, die du schwierig zu schreiben findest.

c) Übe diese Wörter durch richtiges Abschreiben in deinem Heft.

> Richtig
> abschreiben
> ⬈ S. 71–72

d) Lass dir den Text von einer Lernpartnerin / einem Lernpartner diktieren.
Die Person, die diktiert, sollte folgende Tipps beachten:

- Lies zu Beginn den gesamten Text langsam und deutlich vor.
- Lies anschließend Abschnitt für Abschnitt (gekennzeichnet durch /) ebenso langsam und deutlich vor.
- Lies den gesamten Text zum Schluss noch einmal vor.

e) Lies deinen Diktattext noch einmal aufmerksam durch und überprüfe die Schreibung.

→ **Tipp 2–4**

f) Überprüfe deinen Text mit Hilfe der Vorlage gemeinsam mit deiner Lernpartnerin / deinem Lernpartner. Verbessere Fehler.

2 Auf ⬈ S. 74 werden verschiedene Formen vorgestellt, wie du mit Hilfe von Diktaten deine Rechtschreibung verbessern kannst.

a) Lies die Merkkästen aufmerksam durch.

b) Trainiere mit Hilfe der Diktattexte auf ⬈ S. 75–76 deine Rechtschreibung.
Du kannst die Texte als Partner-, Joker- oder Laufdiktat üben.

So übst du mit dem **Partnerdiktat**:

1. Schritt:

Lies den Text aufmerksam und langsam durch. Schreibe Wörter heraus, die du schwierig zu schreiben findest. Übe sie durch richtiges Abschreiben.

2. Schritt:

Lass dir den Text von einer Lernpartnerin / einem Lernpartner abschnittsweise diktieren.

3. Schritt:

Lies deinen Diktattext aufmerksam durch und überprüfe die Schreibung.

4. Schritt:

Kontrolliere deinen Diktattext mit Hilfe der Vorlage gemeinsam mit deiner Lernpartnerin / deinem Lernpartner. Verbessere Fehler.

So übst du mit dem **Jokerdiktat**:

1. Schritt:

Lass dir den Text von einer Lernpartnerin / einem Lernpartner abschnittsweise diktieren.

2. Schritt:

Lies deinen Diktattext aufmerksam durch und überprüfe die Schreibung.

3. Schritt:

Unterstreiche fünf Jokerwörter, bei deren Schreibung du nicht sicher bist.

4. Schritt:

Notiere eine zweite Schreibmöglichkeit. Ist eine der beiden Schreibungen richtig, wird kein Fehler angerechnet.

5. Schritt:

Kontrolliere deinen Diktattext mit Hilfe der Vorlage gemeinsam mit deiner Lernpartnerin / deinem Lernpartner. Verbessere Fehler.

So übst du mit dem **Laufdiktat**:

1. Schritt:

Lies den Text aufmerksam und langsam durch. Schreibe Wörter heraus, die du schwierig zu schreiben findest. Übe sie durch richtiges Abschreiben.

2. Schritt:

Hänge den Text etwas von deinem Arbeitsplatz entfernt an eine Wand.

3. Schritt:

Gehe zu dem Text und präge dir einen Schreibabschnitt (gekennzeichnet durch /) ein.

4. Schritt:

Kehre an deinen Platz zurück und schreibe den Schreibabschnitt aus dem Gedächtnis auf. Nimm dir den nächsten Schreibabschnitt vor.

5. Schritt:

Überprüfe den gesamten Diktattext zum Schluss mit Hilfe der Vorlage. Verbessere Fehler.

Diktattexte

Krummes Ding

Viele denken, / sie hätten einen Knick / in der Optik. / Manche Kicker können / tatsächlich / um die Ecke schießen. / Damit diese Bananenflanken gelingen, / muss der Spieler / den Ball außerhalb des Mittelpunktes / treffen. / Dann nämlich dreht sich / ein Ball beim Vorwärts-fliegen / und nimmt / eine krumme Flugbahn ein. / Die krümmsten Bananenflanken / entstehen übrigens, / wenn der Ball / an einer Stelle getroffen wird, / die exakt siebzig Prozent / vom Mittelpunkt / entfernt ist. /

Ganz schön abgehoben

Manchmal scheinen / Fußballern / Flügel zu wachsen. / Wenn sie zum Kopfball / aufsteigen, / hat man als Zuschauer / den Eindruck, / die Spieler stünden in der Luft. / Physiker / holen die Fans allerdings / auf den Boden der Tatsachen zurück. / Nicht magische Kräfte, / sondern Naturgesetze / lassen Fußballer / einen Moment lang / schwerelos wirken. / So ein Flug verläuft nämlich / nie gleichmäßig. / Der Beginn des Aufstiegs / nimmt nur einen kleinen Teil / der Gesamtzeit ein. / Der Rest des Fluges / bis zu dem Moment, / in dem geköpft wird, / dauert gleich doppelt so lange. / Und genau diese Verzögerung / erweckt den Eindruck, / der Spieler stünde / in der Luft. /

Neun nachdenkliche Hühner

Als sie erfuhren, / die Erde sei rund / wie ein Ball / und kreise / mit höchster Geschwindigkeit / durchs All, / begannen die Hühner, / sich Sorgen zu machen, / und wurden von heftigem Schwindel / ergriffen. / Sie torkelten wie betrunken / über die Wiesen / und konnten sich nur / auf den Beinen halten, / indem sie einander stützten. / Das schlaueste Huhn / machte den
5 Vorschlag, / sich einen ruhigeren Platz / zu suchen, / möglichst quadratisch. /
Eines Tages / hörten die Hühner / vom Hühnerstall aus / einen Esel schreien. / Nie zuvor / hatten die Hühner / einen derartigen Laut / gehört. / Eines behauptete, / es müsse sich um einen Löwen handeln. / Ein anderes / ging zur Tür des Hühnerstalls, / und da es noch nie / einen Esel gesehen hatte, / verkündete es seinen Mithühnern, / es handle sich in der Tat /
10 um einen Löwen. / Als der Esel erfuhr, / dass man ihn / für einen Löwen gehalten hatte, / machte er große Freudensprünge. /

Kaugummikauen macht schlau

Kaugummis machen schlau. / Das behaupten zumindest Forscher. / Sie teilten Freiwillige / in drei Gruppen ein. / Die erste Gruppe / sollte gar nicht kauen, / die zweite nur so tun als ob, / und nur die dritte Gruppe / durfte wirklich Kaugummis kauen. / Dann wurden den Teilnehmern / Denkaufgaben gestellt. / Sie sollten sich zum Beispiel / eine Reihe / von Telefonnummern merken. / Die Gruppe der Kaugummikauer / schnitt bei allen Denkaufgaben / mit Abstand / am besten ab. / Natürlich machen Kaugummis / nicht wirklich intelligenter. / Das Kaugummikauen / bewirkt aber, / dass das Gehirn / besser durchblutet wird. / So bekommt es / mehr Sauerstoff / und mehr Nährstoffe / und wird dadurch leistungsfähiger. /

Schwache vor, noch ein Tor!

Am Ende einer Weltmeisterschaft / wird es richtig spannend. / Denn wenn es / in den Finalspielen / auch nach neunzig Minuten Spielzeit / plus Verlängerung / noch immer unentschieden steht, / kommt es zum Elfmeterschießen. / Die größten Erfolgschancen / hat dann das Team, / das zuerst / seine schwächsten Schützen / antreten lässt. / Die sichersten Schützen / werden schließlich / am Schluss gebraucht. / Dann nämlich, / wenn nichts mehr / danebengehen darf / und besonders starke Nerven / vonnöten sind. /

Rätsel der Kugelblitze gelöst

Um Kugelblitze / ranken sich / viele Mythen. / Kaum ein Mensch hat je / einen dieser / durch die Luft schwirrenden Lichtbälle / zu Gesicht bekommen. / Bis heute konnte niemand / mit Sicherheit sagen, / wie so ein Kugelblitz / eigentlich entsteht. / Jetzt ist es Forschern / zum ersten Mal geglückt, / Kugelblitze / im Labor zu erzeugen, / die dem natürlichen

5 Phänomen / sehr ähnlich sind. / Bis zu acht Sekunden / fliegen die Lichtbälle / durch die Luft / und sind dabei / etwa so groß / wie ein Tennisball. / Nun konnten die Forscher / das Rätsel um die Entstehung / der Kugelblitze lösen. / Schlägt ein echter Blitz / in den Boden ein, / kann dabei / so viel Energie freigesetzt werden, / dass der Sand / an dieser Stelle verdampft. / Aus den Teilchen des Sandes / entsteht dann / der leuchtende Kugelblitz. / Nach einer Weile /

10 verschwindet das Phänomen / so schnell und lautlos, / wie es gekommen ist. /

Richtig nachschlagen

Das Wörterbuch kann dich beim richtigen Schreiben unterstützen.

- Du kannst die Schreibung von „Zweifelsfällen", also von Wörtern, bei denen du dir nicht sicher bist, überprüfen.

- Du kannst die Schreibung von Wörtern, die du dir nicht herleiten kannst (z. B. von Lernwörtern oder Fremdwörtern), überprüfen.

- Darüber hinaus erhältst du zu jedem Wort weitere Informationen (z. B. wie man es ausspricht oder welche Herkunft es hat).

1 Je besser du das Alphabet beherrschst, desto schneller findest du die Wörter beim Nachschlagen im Wörterbuch.

a) Im Wortspeicher befinden sich Wörter von A bis Z. Ordne sie nach dem Alphabet und schreibe sie auf. So entsteht eine kurze Geschichte.

> Die Wörter, die am Satzanfang stehen, sind großgeschrieben.

Fröhlich	meckert	Hannah	zu	Clever	Isa
Xaver	Anna	Klara	Tarek	Phillip	
quasselt	Leo	grinst	Reza	Vera	Yannik
badet	jagt	Elina	schweigt	Oh	winken
diskutiert	natürlich	und			

Im Schwimmbad

Ⓐnna _____   ⓑadet _____ . _____   _____

_____ .   _____   _____ .

_____   _____   _____ .

_____   _____ .   _____ !

_____ !   _____   _____ .

_____ (und)

_____   _____ .

b) Überprüfe, ob die Reihenfolge der Wörter stimmt. Lies den Text langsam und umkreise dabei die Anfangsbuchstaben der Wörter.

2 Sortiere alle Namen deiner Klasse nach dem Alphabet und schreibe sie in dein Heft. Überprüfe die Reihenfolge der Wörter, indem du die Anfangsbuchstaben aller Namen umkreist.

3 a) Schreibe die folgenden Tiere nach der Reihenfolge des Alphabets auf.

die Katze – der Kakadu – das Kamel – die Kröte – das Krokodil – die Krähe

_____

_____

b) Schlage die Wörter im Wörterbuch nach und überprüfe, ob die Reihenfolge stimmt.

4 a) Schreibe möglichst viele Tiere mit demselben Anfangsbuchstaben auf. Sortiere auch diese nach dem Alphabet.

_____

_____

_____

b) Kontrolliere die Schreibung und die Reihenfolge mit Hilfe eines Wörterbuches.

c) Lies den Merkkasten aufmerksam durch.

> In einem **Wörterbuch** sind alle Wörter nach dem **Alphabet** geordnet. Bei Wörtern mit gleichem Anfangsbuchstaben entscheidet der zweite, dritte oder der jeweils folgende Buchstabe, die ebenfalls alphabetisch geordnet sind, z. B.:
>
> *abbiegen, abbilden, abblasen*
>
> **Seitenleitwörter** helfen, sich im Wörterbuch schneller zurechtzufinden. Sie stehen am oberen Seitenrand und geben das erste und letzte Wort einer Seite oder Doppelseite an.

5 Folgende Seitenleitwörter findest du in einem Wörterbuch.

S. 270 Bestandteil – Bestsellerliste
S. 273 betun – Bewegungstherapie
S. 275 Bezirksliga – biblisch

Auf welcher dieser Seiten findest du die folgenden Wörter? Notiere die entsprechenden Seitenzahlen.

Bestellung *S. 270* _____   Biber _____

bewegen _____   bevor _____

bestehen _____   bezwecken _____

bezüglich _____   bevorstehen _____

6 Ein Wörterbucheintrag gibt dir viele zusätzliche Informationen zu dem Stichwort.

a) Sieh dir den folgenden Wörterbucheintrag an.

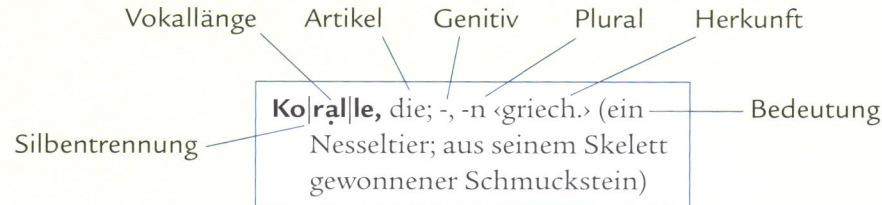

Vokallänge   Artikel   Genitiv   Plural   Herkunft

Ko|ral̦|le, die; -, -n ‹griech.› (ein —— Bedeutung
Silbentrennung —— Nesseltier; aus seinem Skelett
gewonnener Schmuckstein)

b) Welche Informationen kannst du dem folgenden Beispiel entnehmen? Ordne die Beschriftung aus der Wortliste am Rand richtig zu.

Bedeutung
Silben-trennung
Herkunft
Vokallänge
Artikel
Genitiv
Plural

Eli|te, die; -, -n ‹franz.› (Auslese —
der Besten)

7 Schlage die folgenden Wörter im Wörterbuch nach und ergänze die Tabelle.

Stichwort	Artikel	Silbentrennung	Plural
Exemplar			
Allergie			
Medizin			

8 Wo schlage ich diese Nomen nach?

a) Bilde von den folgenden Nomen den Singular (die Einzahl).

die Zäune *der Zaun (S. ...)*   die Länder _____

die Schränke _____   die Schwimmbäder _____

die Stühle _____   die Züge _____

b) Kontrolliere die Schreibung mit Hilfe des Wörterbuches und notiere die Seitenzahl des Wörterbucheintrags.

9 a) Bestimme, aus welchen Wörtern die folgenden Nomen zusammengesetzt sind. Ziehe hierfür wie im Beispiel senkrechte Striche.

~~die Woche|n|zeitung~~ – der Jahrestag – die Schifffahrtsgesellschaft – der Vanillepudding – der Sonntagsbraten – die Mittagszeit

b) Übertrage die Tabelle in dein Heft und ergänze sie wie im Beispiel.

	1. Wort + Seite	2. Wort + Seite
die Wochenzeitung	die Woche (S. ...)	die Zeitung (S. ...)
der Jahrestag	...	...

10 Wie stehen diese Verben im Wörterbuch?

a) Im folgenden Gedicht sind einige konjugierte Verben im Präteritum (in der Vergangenheitsform) fettgedruckt. Notiere sie im Infinitiv (in der Grundform).

Hanna Johansen
Zehn Hasengedichte

Es **waren** (sein) einmal zwei Hasen

die **gingen** _____ so gerne zu Fuß

auf Fels, auf Beton und auf Rasen

weil man irgendwo längsgehen muss

5   Es waren einmal zwei Hasen

Die **zimmerten** _____ sich ein Haus

keine Ahnung von Tuten und Blasen

aber das **machte** ihnen nichts **aus** _____

Es waren einmal zwei Hasen

10 die **hingen** _____ am Telefon

der eine **erfand** _____ neue Phrasen

und der andere **kannte** _____ sie schon [...]

b) Überprüfe mit Hilfe des Wörterbuches, ob du die Infinitivformen richtig geschrieben hast.

INHALT

●   Diese Aufgabe ist schwieriger.

▸ S. 7   Diese Aufgabe kann nach der Erarbeitung der Schülerbuchseite 7 gemacht werden.

    Eine Aufgabe, die du in dein Heft oder auf Papier schreiben sollst.

    Diese Aufgabe löst du mit dem Hörtext auf der Audio-CD in deinem *Workbook*, Track 8. (Manche Aufnahmen auf der Workbook-Audio-CD sind Texte oder Textabschnitte aus dem Schülerbuch, die du ohne Aufgaben anhören kannst, z.B. Track 7 oder Track 16.)

Hier findest du Hilfen, um die englischen Arbeitsanweisungen zu verstehen.

Circle the word.	***Kreise*** *das Wort* ***ein.***
Colour the words ***in yellow.***	***Markiere*** *die Wörter* ***mit einem gelben Stift.***
Complete ...	***Vervollständige ...***
Cross ... out.	***Streiche ... durch.***
Crossword (across/down)	***Kreuzworträtsel (waagerecht/senkrecht)***
Invent three dialogues.	***Erfinde*** *drei Dialoge.*
Put ticks (✔) in the table. / Tick ...	***Setze Häkchen in die Tabelle. / Mache Häkchen bei ...***
Which sentence best describes the picture?	***Welcher Satz beschreibt das Bild am besten?***

The big wide world

1 How can you travel? Find eight words in the puzzle (→, ↓, ↘).
Write them next to the right pictures.

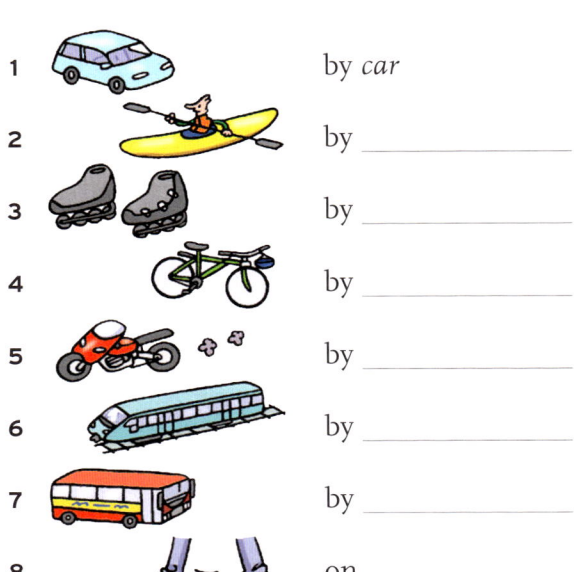

1   by *car*

2   by _____

3   by _____

4   by _____

5   by _____

6   by _____

7   by _____

8   on _____

I	E	H	C	A	R	V	M	F	O	P	Q
A	N	D	R	E	R	J	K	S	O	P	L
J	E	L	A	Q	U	Z	N	I	W	O	M
U	N	L	I	C	D	B	K	Y	T	W	T
G	M	N	L	N	Z	A	A	E	R	B	U
A	B	G	D	E	E	C	Y	P	A	J	Y
Q	Z	D	X	D	I	S	A	Y	I	U	B
K	V	B	I	K	E	Q	K	H	N	I	U
E	U	Y	Z	X	G	D	J	A	L	O	S
L	P	R	U	T	R	W	Y	N	T	K	X
I	M	M	O	T	O	R	B	I	K	E	F
C	V	B	A	T	E	R	M	L	P	Y	S

▶ S. 6

2 Which countries and nationalities are these? Write the missing letters and words.

	country	nationality	capital
	Germany	*German*	Berlin
	I____l____d	*I_____*	Dublin
	S____l____d	_____	Edinburgh
	A____t____a	_____	Canberra
	T____k____y	_____	Ankara

▶ S. 7

3 **a)** Write the dialogue in your exercise book.

PARTNER A   What languages do you speak?

PARTNER B   *My first language is Turkish, but I ... too.*

PARTNER A	PARTNER B
What languages do you speak?	*first language / Turkish / speak / German and English / too.*
Where do you work?	*work / hotel / Berlin*
Do you use your languages at work?	*Yes. / Most of / guests / speak / English*
Have you ever been to America?	*No. / been / Britain.*

b) Act the dialogue with a partner.

▶ S. 8

Weitere Übungen zu „The big wide world" findest du auf der CD-ROM.

Unit 1
Teen America

1 Copy this network in your exercise book. How many more words can you find? Write them.

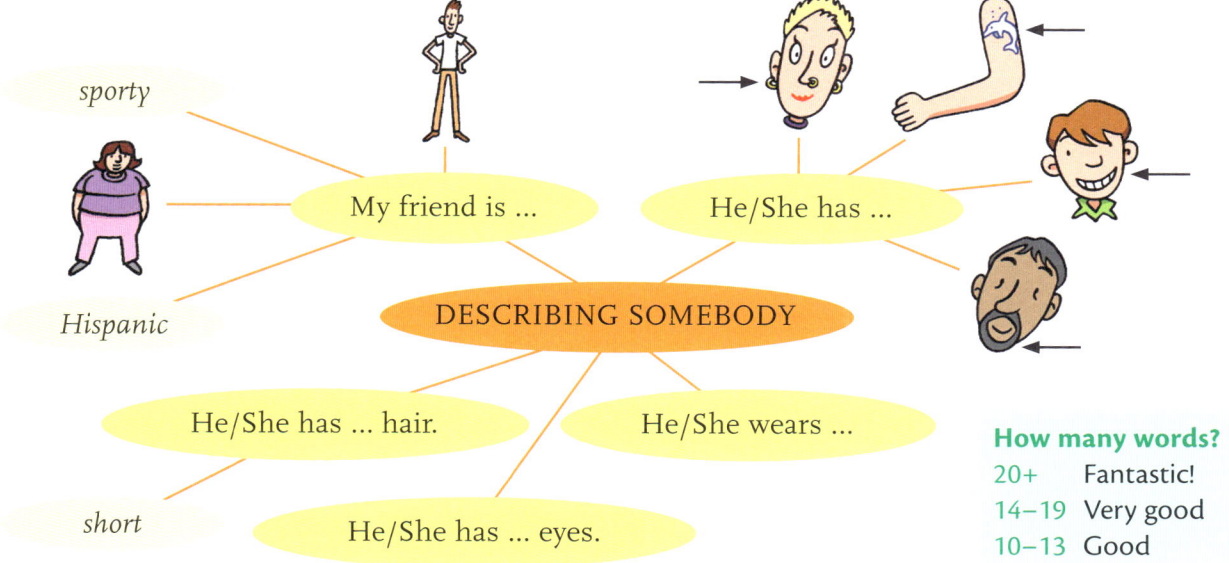

sporty

Hispanic

short

My friend is ...

He/She has ...

DESCRIBING SOMEBODY

He/She has ... hair.

He/She wears ...

He/She has ... eyes.

How many words?
20+   Fantastic!
14–19 Very good
10–13 Good

▶ S. 12

3

three

2 **a)** Describe a famous person (for example a singer or an actor). Write your sentences on some paper.
 – What does he/she look like?
 – Write other things about the person too.

> He's/She's a famous ... / American. / married. / ...
> He/She lives in ... / ...

b) GAME
Who is it? Put the descriptions on the wall. Everybody has to guess who the famous people are. Which description is the best?

▶ S. 12

3 Listen again to the teen survey results. Write the right numbers.

What's the most important thing for you?

• Being happy _____ %

• Having a house, cars and a good job _____ %

• Looking after my family _____ %

• Having the career of my dreams _____ %

• Being rich and/or being famous _____ %

• Having my own business _____ %

• Being the boss _____ %

▶ S. 13

4 WORDPOWER
What do these question words mean? Draw lines.

1 which   warum
2 what   wer
3 why   wann
4 where   wie viele
5 when   welche
6 who   was
7 how many   wo/wohin

► S. 15

5 How much do you remember about the USA? Try this quiz!

1 How many states are there in the USA?

a) ☐   40
b) ☐   50
c) ☐   60

2 What's the capital of the USA?

a) ☐   New York
b) ☐   Los Angeles
c) ☐   Washington DC

3 Hollywood is part of which city?

a) ☐   New York
b) ☐   Los Angeles
c) ☐   Washington DC

4 Which two states are not near the others?

a) ☐   Hawaii and Texas
b) ☐   Hawaii and Alaska
c) ☐   Hawaii and New Mexico

5 Where is New York?

a) ☐   in the centre
b) ☐   in the west
c) ☐   in the east

6 Who looks after the national parks?

a) ☐   the police
b) ☐   teachers
c) ☐   park rangers

7 What's the biggest city in the USA?

a) ☐   New York
b) ☐   Los Angeles
c) ☐   Washington DC

8 What's the most popular team sport in the USA?

a) ☐   American football
b) ☐   football (soccer)
c) ☐   athletics

► S. 15

6 a) Look at the text on page 5.
What do you think the text is about?

a) ☐   young people and tests
b) ☐   young people and drugs in sport
c) ☐   adult sports stars and drugs

Tip:
Before you read a text, look at the title and pictures. They help you to guess what the text is about.

b) Now read the text quickly.
– Circle all the words you don't know.
– Colour in <mark>yellow</mark> all the circled words you can guess
(for example, words that are like German words).

Teenagers who use dangerous anabolic steroids[1]

Sport is popular in American schools. A survey of high school students showed that 58 per cent of boys and 51 per cent of girls play sports on a team. Boys' most popular sports are American football, basketball, athletics, baseball and soccer. Girls' favourite sports are basketball, athletics, volleyball, softball and soccer.

5 Sport is good, healthy fun … isn't it? Many parents are now worried about a report which says that 4 per cent of kids in grades 9 to 12 use anabolic steroids. "Anabolic steroids are illegal drugs that make you faster and stronger – but they are extremely dangerous," says Jim Muir. "Kids need to know how dangerous these drugs are."

Jim knows what he's talking about. He is the father of Tom, 17, who wanted to be in the school baseball 10 team with his friends, but the team coach said that Tom needed to be bigger. Tom started to take anabolic steroids and his weight went up. He was soon picked to play on the team.

But the anabolic steroids had a lot of unhealthy side effects[2]. Tom couldn't sleep at night. He felt ill. He often had headaches[3], his hair started to fall out and he got bad acne. "The worst thing," says his father, "was that his character changed too. He became very aggressive, and his girlfriend left him."

15 One side effect was that Tom became very depressed. Tragically, just before his 18th birthday, Tom tried to kill himself.

Tom's story has a happy ending. His weight is now normal and he doesn't take steroids any more. He plays sport and enjoys himself, but he still has some health problems from the anabolic steroids. "I was lucky," says Tom. "I now do my training without drugs, and I feel good about myself – I work hard 20 and I'm on the baseball team thanks to my own hard work, not the drugs!"

[1] anabolic steroids = *Anabolika;* [2] side effects = *Nebenwirkungen;* [3] headache = *Kopfschmerzen*

c) Read the text again and tick (✔) the right answer.

	true	false	not in the text
1 More boys than girls play teams sports in the USA.			
2 Girls don't like playing basketball.			
3 Some kids use drugs because they want to be better at sport.			
4 Tom Muir wanted to lose weight.			
5 Tom was the best player in the baseball team.			
6 Steroids can have dangerous side effects.			
7 Tom got steroids from his friends.			
8 Tom died because he took drugs.			

● **d)** In your exercise book write six side effects that people can get from anabolic steroids.

They can't sleep at night. They feel/have … Their …

▶ S. 15

5

five

7 Listen to the four conversations. Find the right picture for each conversation.

Conversation 1 = picture _____

Conversation 2 = picture _____

Conversation 3 = picture _____

Conversation 4 = picture _____

▶ S. 16

8 Listen to some interviews with people in San Francisco, California.
Tick (✔) the right answers for each person.

A San Francisco food survey		Person 1	Person 2	Person 3	Person 4
1 How often do you eat out in restaurants?	very often				
	sometimes				
	never				
2 What kind of food do you like eating?	American				
	European				
	Asian				
3 What do you think of fast food?	It's great.				
	It's OK.				
	It's terrible.				
4 Do you cook meals at home?	very often				
	sometimes				
	never				

▶ S. 16

Weitere Übungen zu „Unit 1, Listening" findest du auf der CD-ROM.

6

six

9 **a)** Finish the phrases in blue.

1 KEVIN Are you f_____ or against ready meals?

2 MARY I'm a_____ them. In my o_____, they usually taste terrible!

3 LUIS I'm not s_____. On the one h_____, I like them, but on the o_____

h_____, they're often unhealthy.

4 KEVIN I t_____ ready meals are OK. They're good, because they're fast and easy,

but I don't t_____ they're cheap.

b) AND YOU?
What do you think of ready meals? Give your opinion.

Tip:
You can use the blue phrases
to give or ask for opinions.

_____

_____

► S. 17

10 **a)** Read the comments. Are they *for* or *against* the topics in the questions?
Write F *(for)* or A *(against)*.

1 **For or against piercings?**

a They're really cool. _____

b They hurt when you get them. _____

c They make you look different from other

people. _____

2 **For or against zoos?**

a The animals look sad and depressed. _____

b It's good that people in cities can see lots

of different animals. _____

c Wild animals should be free. _____

3 **For or against designer clothes?**

a They look great. _____

b They're too expensive. _____

c They're great if you want to look cool. _____

4 **For or against cycling?**

a It's dangerous if there are fast cars. _____

b It's no fun when it rains. _____

c It's better for the environment. _____

b) AND YOU?
Write each question and your opinion in your exercise book.
Use the phrases in blue from exercise 9a).

Are you for or against piercings?
– I'm for piercings, they're cool.
– I'm against piercings. In my opinion, …

► S. 17

Weitere Übungen zu „Unit 1, Writing" findest du auf der CD-ROM.

11 WORDPOWER
Write the right feelings in English in the crossword.

Across →

1  verlegen

3  enttäuscht

5  erleichtert

7  elend

9  gestresst

10  verblüfft

Down ↓

2  verärgert

4  überrascht

6  aufgeregt

8  gelangweilt

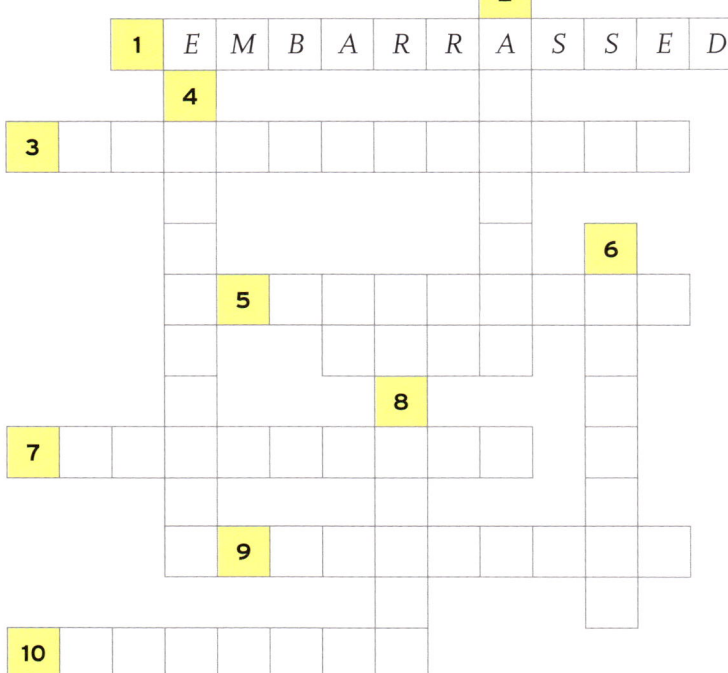

1 E M B A R R A S S E D

► S. 18

12 ROLE PLAY

What was it like?

Write the three dialogues in your exercise book. Then practise them with your partner. Invent three more short dialogues and write them in your exercise book.

A What was your holiday like?

B I was really – it rained all week and I was so !

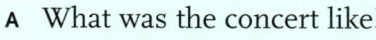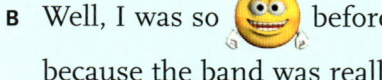
I was really miserable – it rained all week and I was so bored!

A What was the concert like?

B Well, I was so  before it started, but then I was , because the band was really bad.

A What were your tests like?

B They were hard! I was really ⬚.
I was so ⬚ when they were over!

 bored

 disappointed

 embarrased

 excited

 miserable

 relieved

 stressed

 surprised

► S. 19

13 Ryan went to the school prom last night. His brother is asking him about it.
Put the sentences in the right order (1–8).
Then write the dialogue in your exercise book.

	No you can't!!
	What's she like?
1	What was the school prom like, Ryan?
	Well, she's friendly and really funny.
	Her name is Amy.
	Yes, she has long black hair and a nice smile.
	I'm seeing her again tomorrow.
	Awesome! I really enjoyed myself!
	I danced with a really nice girl all evening.
	Is she good-looking, this Amy?
	Can I come too?

▶ S. 19

14 INTERPRETING
Your school is having a party for a group of American exchange students.
You and your friend Finn are talking to Katy, an American girl.

FINN   Schau mal meinen Bruder an. Er hat viel Spaß!

YOU   *Look at Finn's brother. He's* _____

KATY   I'm not surprised – he's dancing with Lena.

YOU   *Das* _____

FINN   Ja, Lena sieht toll aus. Aber sehr freundlich ist sie nicht.

YOU   _____
_____

KATY   I've never spoken to Lena.

YOU   _____

FINN   Sie sitzt neben mir in der Klasse, aber sie
redet nicht mit mir.

YOU   _____

▶ S. 19

Weitere Übungen zu „Unit 1, Speaking" findest du auf der CD-ROM.

15 Reflexive pronouns. Read this advert. Put in the right words.

→ himself • myself • ourselves • themselves • yourself

Do you cook for _____?

When people don't have much time, they often buy

_____ fast food – but is it healthy?

"No it isn't!" says TV doctor, Dr Tim Green. "In this country,

we are slowly killing _____ with bad food! It's terrible!".

Dr Green says he can make _____ a healthy meal in only

10 minutes. "I look after _____ and eat good food.

Buy my new book *Good Food* (only $29.99!) – and change your life!"

Our expert: Dr Tim Green

►S. 24

16 Write the missing reflexive pronouns in the table.

I	*myself*	we	*ourselves*
you	_____	you	_____
he	_____	they	_____
she	_____		
it	_____		

►S. 24

17 Read these letters from a magazine's problem page.
Put in the missing reflexive pronouns. Exercise 16 can help you.

Ask Susi!
Susi helps with all your problems.

Dear Susi,
When we go out, my boyfriend always looks at _____
in shop windows and mirrors. He thinks he's so wonderful!
Jo

Jo,
Some people look at _____ in mirrors
because they aren't very confident. Tell your boyfriend
he looks great!

Hi Susi,
My sister doesn't look after _____.
She's overweight and depressed. What can I do?
Rona

Rona,
My sister and I go jogging and dancing together.

It's healthy and we really enjoy _____ too!

Go out with her and enjoy _____ together!

Weitere Übungen zu „Unit 1, Practice" findest du auf der CD-ROM. ►S. 24

18 **a)** Put the time words in the green box into the word web.

> → always • at the moment • every day • never • now • often • sometimes •
> this afternoon • this summer • this year • today • usually

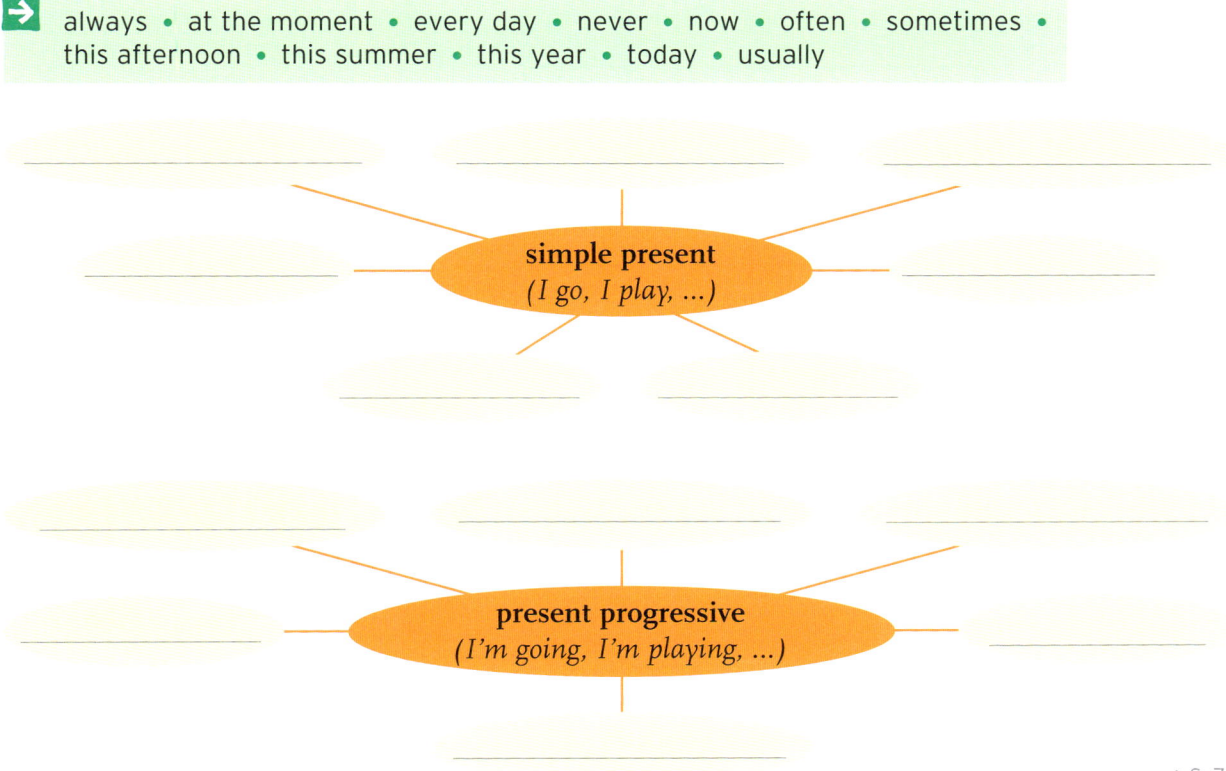

simple present
(I go, I play, ...)

present progressive
(I'm going, I'm playing, ...)

► S. 70

b) Simple present or present progressive?
Read the sentences and cross out *(= streiche ... durch)* the wrong form of the verb.
The time words in blue can help you.

Hi Diego!

What *are you doing / do you do* this summer? *We're often* staying /We *often stay* in Washington
state, but this year *we're having / we have* a holiday in California. At the moment *we stay /*
we're staying at a campground near the beach. *We aren't* usually *going / We don't* usually *go*
camping, but it's great. *I'm really enjoying myself / I really enjoy myself* here! *We're going / We go*
to the beach every day. It's very hot, so *I'm not sitting / I don't sit* in the sun this afternoon.

See you soon, Isaac

► S. 70

19 Simple present or present progressive?
Read the phone conversation and write the verbs in the right form.

RYAN Hi Julio, it's Ryan. What (1) _____ *(you/do)* this evening?

JULIO (2) _____ *(I/not/do)* anything special –

(3) _____ *(I/watch)* TV.

RYAN (4) _____ *(I/usually/go)* dancing on Fridays. Do you want to come?

► S. 70

11

eleven

20 PRONUNCIATION
a) Do these words sound the same or different?
Tick (✔) the right box.

	same (they rhyme)	different (they don't rhyme)
1 do – too	✔	
2 bread – said		
3 love – move		
4 farm – warm		
5 weigh – say		
6 meal – feel		
7 still – I'll		
8 more – four		
9 to – so		

Tip:
When you learn a new word, learn the pronunciation too! Practise saying the word.

Try saying this tongue twister really fast!

Red lorry, yellow lorry
Red lorry, yellow lorry
Red lorry, yellow lorry …

12
twelve

b) Write four more examples for your partner.
Circle the word that doesn't rhyme with the others.

 Sue   come   done   (home)   mum

1 two	you	true	know	flew
2 no	grow	now	go	yellow
3 date	eight	wait	great	height
4 throw	shoe	blue	new	threw
5 try	I	my	happy	eye

21 Practise saying these sentences.
Start with short phrases.

Tip:
If a long sentence is difficult to say, practise it in short phrases.

is Hispanic
my friend is Hispanic
really good-looking

My friend is Hispanic and really good-looking.

1 My friend is Hispanic and really good-looking.
2 He has short black hair and big brown eyes.
3 He's very sporty and plays basketball every week.
4 He sometimes wears a baseball cap and sunglasses.
5 He has a tattoo of a bird on his left arm.

22 **What you can do.**
a) Elizabeth is talking about herself. Read what she says.
Which words mean the same as *(= wie)* the words in blue? Draw lines.

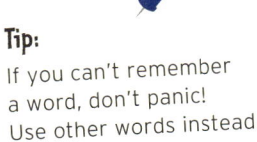

1 When I'm older, I'd like to
   have an interesting career.   have lots of friends

2 And I want to have lots of pets.   animals

3 Some people say that being   job
   good-looking is important.
                                                   don't agree
4 I think that's not true.
                                                   beautiful
5 But I'd like to be popular.

b) Asif and Bob are talking. Find other words for the phrases in blue.

ASIF My Welsh friend came last weekend. ➜ My friend *from* _____ came last weekend.

BOB   On Saturday, we went to the cinema. ➜ On Saturday, we *saw* _____ .

      – Did you enjoy yourselves? ➜ *Was it* _____ ?

ASIF No, the film was boring! ➜ No, the film *wasn't* _____ .

BOB   The weather was wet on Sunday, wasn't it. ➜ *It* _____ on Sunday, didn't it.

ASIF Yes. We didn't go anywhere. ➜ Yes. We *stayed* _____ .

23 **a)** An American girl is staying with Dirk.
She doesn't speak German.
Can you guess the words Dirk has forgotten?

1 What do you usually have for ... you know ...

   the meal in the morning?   _____

2 I usually have bread and a ... you know ... it's a fruit, and it's long and yellow. _____

3 To drink, I usually have ... um ... it's hot but it isn't coffee. _____

4 We always eat in the ... um ... the room where you cook. _____

b) You've forgotten the words in blue. Write a description instead.

1 milk – Would you like some ... you know ... it's _____ ?

2 a ham sandwich – I've made you ... um ... _____ .

3 grandma – This is my ... you know ... _____ .

24 **ROLE PLAY**

a) Read the prompt cards for dialogue 1.
Write the questions. Then write the answers.

b) Do the same for dialogue 2.

c) Read dialogues 1 and 2 with your partner.

Tip:
Use other words if you can't remember a word:
For example say *it's near …* if you can't
remember the word *opposite*.

Dialogue 1

Partner A

Your questions:

- When open?

  When is the _____

- Where?

  _____

- Hamburgers – how much?

  _____

Partner B

A new café near you!

Hamburgers only $1.99!

Bob's Burgers

Open Tues – Sun, 10 a.m. – 6 p.m.

Bob's Burgers

Bridge Street
post office

Answers: • It's open from _____

    • It's in _____

    • _____

Dialogue 2

Partner A

Your questions:

- When?

  When _____

- What shoes?

  _____

- Information?

  _____

Partner B

Come and join our exercise class!

Wednesday evenings, 7 – 9 p.m.
at Sports Centre

Phone: 388207

Clothes:
sports clothes
and trainers

Answers: • It's _____

    • _____

    • _____

Unit 2
Looking ahead

1 a) Look at the pictures and write the jobs 1–9 in the crossword.

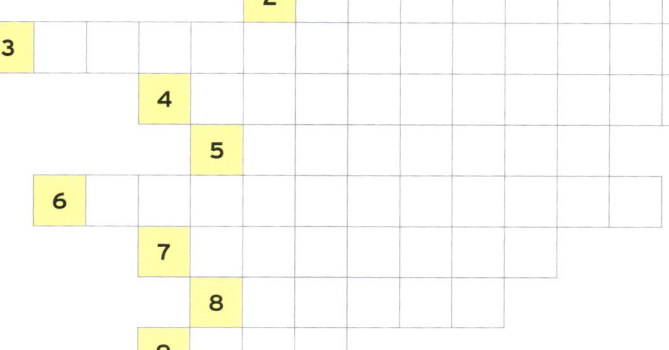

b) What's the job in number 10? _____ ▸ S. 27

2 Plans for the future: Read the phrases and write the sentences.

1 to start | business | my | hope | own | I

_____

2 months | for | plan | I | six | to go | away

_____

3 thinking of | I'm | apprenticeship | doing | an

_____

4 I'm | to do | don't know | I | what | going

_____

▸ S. 27

3 Write five sentences about your plans for the next school holidays. Use these phrases:

I plan to ... / I hope to ... /
I'm going to ... / I'm thinking of going/starting ...

Ideas:

go • stay • earn • work •
travel • visit • help

▸ S. 27

Richard Hammond – a Lucky Man!

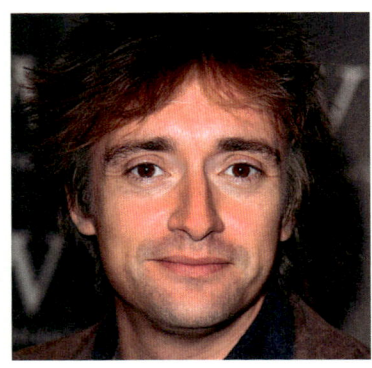

If you're British and you're a big fan of cars, then you're sure to know Richard Hammond! Richard is a TV presenter on the popular programme "Top Gear" – a programme all about cars. Fast cars.

Richard is lucky – it's his dream job. He's absolutely mad about cars: classic old cars, new cars and, especially, fast cars. He has lots of them, including a Porsche 911, a Dodge Charger, two Land Rovers, a Morgan V6 Roadster, a Ford Mustang GT 390 and a 1963 Opel Kadett – and motor bikes too, for example a Ducati 1098, a Suzuki GSX-R1000 and a Harley Davidson!

Richard Hammond was born on 19th December 1969 in Solihull, a big town in the industrial West Midlands region of England, and two of his grandparents worked in the automobile industry there.

Cars are Richard's hobby and his work, but he has other interests too. He is mad about animals and has four dogs, two cats, three horses, a rabbit and lots of chickens at his home in the country where he lives with his wife and two daughters. Richard is also keen on music, and he plays the bass guitar.

Hammond has been presenting "Top Gear" with Jeremy Clarkson and James May since 2002. At 1.70 m, he is smaller than his co-presenters (Jeremy Clarkson is 1.96 m!), so his nickname is "Hamster". The TV programme is fun, and the presenters always joke with each other. They love making the programmes because they get the chance to drive fantastic, expensive sports cars.

But on 20th September 2006, Richard's career nearly came to a tragic end. Richard had a terrible accident: the car that he was driving, a Vampire Drag car, crashed at the speed of 464 km/h. Richard woke up in hospital. He had very bad head injuries. Even now, Richard says that he still has problems: he forgets lots of things and he has psychological problems. But doctors told him that he nearly died in the crash. One thing he knows: he's very, very lucky!

---

4 **Read the text quickly. What kind of text is it? Tick the right answer.**

A ☐ an article about programmes that are on TV this week

B ☐ a sports report from a newspaper

C ☐ an article about somebody on TV

D ☐ an article about a new film at the cinema

Tip:
Don't worry if you don't understand every word of a text – you can still enjoy reading it.

► S. 29

5 **TRAINING   Dictionary definitions**
Sometimes a dictionary gives two meanings.
Find these words in the text. Tick the right meaning in this context.

1	**presenter** *(line 2)*	=	☐ Moderator	☐ Überbringer
2	**mad** *(line 4)*	=	☐ verrückt	☐ **mad about** wild auf / scharf auf
3	**rabbit** *(line 12)*	=	☐ Kaninchen	☐ **rabbit on** sülzen
4	**chicken** *(line 12)*	=	☐ Huhn	☐ Angsthase
5	**crash** *(line 20)*	=	☐ krachen	☐ einen Unfall haben

► S. 29

6 TRAINING   Without a dictionary
Find these words. Guess the meanings.
How did you guess? Put ticks (✔) in the table.
(You can put more than one tick.)

Tip:
You don't always need a dictionary!
You can often guess a word if ...
– you know part of the word or phrase.
– you can guess from the context.
– it looks like a German word.

English	I know part of the word/phrase	I can guess from the context	It looks like a German word	German
line 5 classic			✔	*klassisch*
line 9 industrial				
line 13 bass guitar				
line 15 nickname				
line 17 sports car				
line 19 tragic				
line 23 psychological				

► S. 29

7 Read the text again. Write the information in the table.

name	
nickname	
job	
date of birth	
place of birth	
children	
pets	
musical instrument	
● Give two reasons why he's lucky.	

► S. 29

WRITING

8 **Write your opinion about each job (1–5).**

Would you like to be ...
1 a firefighter?
2 a shop assistant?
3 an actor?
4 a vet?
5 a train driver?

Ideas:
The pay is good/bad.
I'd like / I wouldn't like to be famous.
You need / You don't need special training.
It's interesting/boring/hard/easy/fun/exciting/(too) dangerous.
I like / I don't like animals/trains.

Tip:
Use opinion phrases from Unit 1:
I'm not sure.
On the one hand ...,
but on the other hand ...
In my opinion, ...
I think the job is ... because ...

1) I wouldn't like to be a firefighter. In my opinion, it's too dangerous.
I'm not sure. On the one hand, it's exciting, but on the other hand, ...

▸ S. 32

18

eighteen

9 **What can you see in the picture? Write one sentence or more for each question.**

1 How many people are there in the picture?

2 Where are they?

3 What can you buy there?

4 What does the shop assistant look like?

5 What are the two boys interested in?

6 What's the girl going to do?

7 What's the woman doing?

8 What has she bought?

▸ S. 32

Tip:
Underline the verbs in the questions.
Use the right forms of the verbs in
your answers.

10 WORDPOWER
a) Write the missing headings in this form.

→ Address • details
Education • E-mail
experience • First
Hobbies • Mobile
Surname

• **Personal** _____

_____ : Harris

_____ names: Sophie Jane _____

_____ : 16 Plum Road, Hull HU6 4JH _____

_____ number: 07946 129 032 _____

_____ address: Sophie52@fast.com _____

• _____

Millbank Secondary School

• **Work** _____

Saturday job in a coffee shop _____

• _____

In-line skating, kayaking and reading _____

b) Now listen to the interview. Correct the mistakes in the form.

▸ S. 35

13

11 Look at each picture and listen to three sentences: A, B and C.
Which sentence best describes the picture? Tick A, B or C.

14

1

A ☐ B ☐ C ☐

2

A ☐ B ☐ C ☐

3

A ☐ B ☐ C ☐

4

A ☐ B ☐ C ☐

5
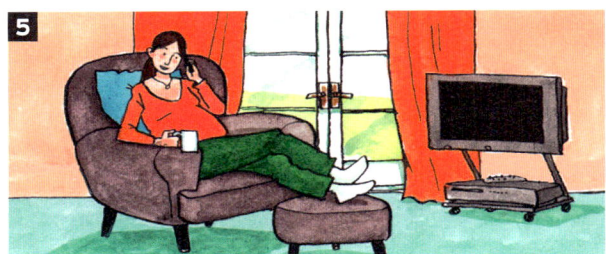

A ☐ B ☐ C ☐

6

A ☐ B ☐ C ☐

▸ S. 35

12 WORDPOWER

Try to write a job for each letter of the alphabet! How many jobs can you find?

astronaut, babysitter, cook, d...

Then compare with your partner – can you make a longer list together?

▶ S. 36

13 **a)** Write two questions for each verb (1–6).

You can use different words too.

1 **wear** ... a uniform / special clothes / a suit

2 **help** ... people / animals / ill children

3 **work** ... indoors / outdoors / with children

4 **use** ... special equipment / machines / a computer

5 **earn** ... lots of money / good pay

6 **work** ... at weekends / in a factory / in an office / with your hands

Do you wear a uniform?
Do you wear a suit?

b) ROLE PLAY   What's my job?
Partner B chooses a job.
Partner A asks questions and tries to guess Partner B's job.
How many questions do you need?
Now play again – Partner A chooses a job.

Tip:
Use questions from a).

PARTNER A

PARTNER B

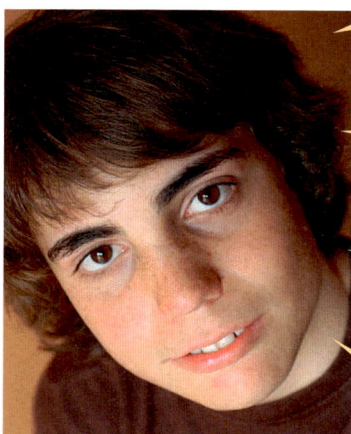

Do you work with children?

No, I don't.

Do you work outdoors?

Sometimes.

Do you help animals?

Yes, I do.

Are you a vet?

Yes, I am. Well done – that was only four questions!

▶ S. 36

14 INTERPRETING

**Your British friend, Rob, is staying with you.
Your mum wants to ask about Rob's parents,
but she doesn't speak English.
Can you help?**

MUM Wo arbeitet dein Vater, Rob?

YOU _____

_____

ROB He has his own business. He's a plumber.

YOU _____

MUM Hat deine Mutter eine Arbeitstelle?

YOU _____

ROB No. She worked in a boutique, but it closed, so now she's unemployed.

YOU _____

_____

MUM Das ist schlimm. Ich war letztes Jahr auch arbeitslos. Jetzt arbeite ich in einer Fabrik.

YOU _____

▸ S. 37

15 MEDIATING

**Rob wants to know what this magazine article
is about. Write the main points in English.**

Tip:
You don't have to translate every word.
Just write the main points.

Du brauchst Geld oder möchtest dein Taschengeld aufbessern?
Gründe deine eigene kleine Firma!

Hier ein paar Ideen:

- **Tiersitten**: Wenn deine Nachbarn in Urlaub fahren, könntest du dich um ihre Tiere kümmern.
  Und deine Preise sind bestimmt günstiger als im Tierheim oder in einer Tierpension.

- **Kuchenbacken**: Wie wäre es mit einem Kuchenstand an deiner Schule?
  Du backst zwei oder drei Kuchen und verkaufst sie in der Pause.

- **Putzen**: Biete einen Putzdienst für Nachbarn oder Freunde deiner Eltern.
  Wenn du deinen MP3-Player an hast, ist es gar nicht so langweilig.

- **Einkaufsservice**: Du könntest für andere einkaufen gehen – z. B. für ältere Nachbarn oder Leute,
  die wenig Zeit haben.

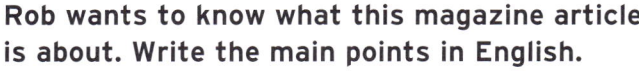

It's an article about how to earn some money. Some ideas are:
– when your neighbours go on holiday, look after their animals.
– make ...

▸ S. 37

16 **a)** If-sentences (type II). Circle the right form of the verbs.

QUIZ! Are you a lion or a mouse ?

1 What would you do if you saw a ghost?

☐ **A** I'd shout / shouted "HELP!!!"

☐ **B** I'd talked / talk to it.

2 What would you do if you had to sing in a concert?

☐ **A** I'd saying / say I was ill and I wouldn't go / didn't go.

☐ **B** I'd loved / love every minute of it.

3 What would you do if you were at the top of the Empire State Building?

☐ **A** I'd close / closing my eyes.

☐ **B** I'd took / take lots of photos.

b) Now do the quiz! **Answers: More As:** Oh dear – you're a mouse • **More Bs:** Congratulations! You're a lion!

▶ S. 38

17 Helen is thinking about the summer.
Finish the sentences. The verbs after *If I ...* should be in the simple past.

1 If I looked in the newspaper, I'd **find** a summer job.

2 *If I found* a job, I'd **work** all summer.

3 *If I* _____ all summer, I'd **earn** lots of money.

4 _____ lots of money, I'd **go** on holiday.

5 _____ on holiday, I'd **visit** the USA.

6 _____ the USA, I'd **stay** there for six weeks.

7 _____ there for six weeks, I'd **have** no time for a job.

8 _____ no time for a job, I wouldn't earn any money – and I wouldn't go on holiday!

▶ S. 38

18 What would you do if you won 50,000 euros? Write five sentences.

→ go to • buy • visit • give • save • spend

If I won 50,000 euros, I'd ...

▶ S. 38

19 **Past tenses**
Marilyn Lowe works as a police detective. There was a bank robbery
(= Raub) **this morning. She's asking a neighbour some questions.**
Underline the verb <u>phrases</u> **in the** <u>simple past</u>**. Circle the verb**
phrases in the (past progressive)

DETECTIVE Mr Jones, your flat is above the bank. What were you doing
at the time of the robbery? Did you see anything?

MR JONES Well, I was sitting in my living room with my kids. We were having breakfast.

DETECTIVE Did you hear any noises?

MR JONES No, we didn't hear anything, I'm sure about that. Some children were playing loudly in
the garden when I started my breakfast and they were still shouting when I finished.

► S. 76

20 **Read Detective Lowe's second interview.**
Put the verbs in the right forms – simple past or past progressive.

DETECTIVE Mrs Mack, what *(you/do)* _____ when *(the robbery/happen)*

_____

MRS MACK *(I/work)* _____ in front of my shop, opposite the bank.

DETECTIVE *(you/see)* _____ anything?

MRS MACK Well, *(I/see)* _____ two men. *(They/stand)* _____

near the bank. *(One man/talk)* _____ on his mobile.

DETECTIVE What *(he/say)* _____?

MRS MACK Sorry – *(I/not hear)* _____. Then *(a car/arrive)* _____

and *(the men/get in)* _____.

► S. 76

● **21** **Write the end of the interview.**

DETECTIVE when / car / come?

MRS MACK it / come / about 9.15 a.m.

DETECTIVE you / see / who / drive / car?

MRS MACK yes, / man / wear / big hat.

DETECTIVE where / car / stop?

MRS MACK it / stop / outside / bank. One man / wait / in car /
while / other men / steal / money in bank.

DETECTIVE when / men / leave / bank?

MRS MACK I don't know. They / leave / while / I / work / in / shop.

► S. 76

22 **What do these signs and posters say?**
Tick A, B, C or D.

Tip:
• Read the signs and the four answers very carefully: some of the answers are nearly the same!
• Tick only *one* answer.
• If you don't know the answer, always guess – never write nothing.

1

> **Holston Library &
> Learning Centre Cafe**
>
> **SPECIAL OFFER**
> **Buy one coffee,
> get one free!**

A ☐ You don't have to pay for coffee at the cafe.

B ✔ You can buy two coffees for the price of one.

C ☐ You have to buy two cups of coffee at the cafe.

D ☐ They're selling special coffee.

2

> **Holston Library**
>
> **Opening times**
> **Monday to Friday:**
> *10 a.m. to 9 p.m.*
> **Saturday:**
> *10 a.m. to 5 p.m.*
> **Sunday:**
> *10 a.m. to 2 p.m.*

A ☐ The library is open in the evening at weekends.

B ☐ On Tuesdays you can get books between 10 a.m. and 2 p.m. only.

C ☐ The library is not open every day.

D ☐ You can get books between 10 a.m. and 9 p.m. on Wednesdays.

3

> **LOST!**
> *(near Newport Rd)*
> *Brown leather woman's
> bag with purse and keys*
> *£20 reward if you find it!*
> *Contact Jenny on
> 077944 401218*

A ☐ Jenny wants to buy a bag.

B ☐ Jenny found £20 near Newport Road.

C ☐ Jenny can't find her bag.

D ☐ Jenny is selling a bag for £20.

4

> **Holston Library &
> Learning Centre**
> **VOLUNTEERS WANTED**
> *to help make a garden
> for the library
> Meet every Sunday
> in April and May
> 9.30 a.m. at the front door*

A ☐ You can make a garden for the library for no pay.

B ☐ They're making a garden for the library this autumn.

C ☐ You can get a job in the library cafe.

D ☐ They're going to work on the garden all weekend.

5

> **Holston Library &
> Learning Centre**
> **Please note:** *next week,
> the judo class will be on
> Tuesday afternoon
> (instead of Wednesday)
> thank you*

A ☐ You can do judo at the learning centre next Wednesday.

B ☐ There will be a judo class at the learning centre on Tuesday and Wednesday.

C ☐ The learning centre needs a judo teacher.

D ☐ There will be no judo class next Wednesday.

23 **a)** Read the texts and find each person's hobby.
(There are more hobbies than people.)

Person	1	2	3	4	5	6
Hobby	*F*					

Tip:
- You won't find the names of the hobbies in the texts! Look for words that mean the same. For example:
  I make pizzas or spaghetti = cooking
- Read all of a sentence – don't just look at the main words. Small words can change the meaning! For example:
  "I **don't** really like classical music" is the opposite of "I really like classical music."

1

I sometimes watch TV, but I'd rather spend my time with my books and magazines. I love fantasy and adventure stories, especially by the author Philip Pullman.
Mikey

2

I'm terrible at sport, but I like watching it on TV. My friends often come round and I make pizza or spaghetti, or sometimes I make a whole meal for them. I like to experiment and make up my own recipes.
Jo

Hobbies:
the person …
A: sings in a band
B: goes rock-climbing
C: collects stamps
D: is a volunteer at an animal rescue centre
E: does judo
F: reads a lot
G: plays the piano in an orchestra
H: likes cooking
I: plays rugby and basketball

3

I like all sorts of music, especially heavy metal (although I don't really like classical music). I like singing and everyone says I've got a good voice.
Robert

4

I hate team sports, but I love outdoor activities, especially in the country. The fresh air and mountain scenery make me forget all my problems. The worst thing for me is to be stuck indoors in front of the TV.
Hayley

5

I really love animals, but I'm allergic to dogs and cats so we can't have any at home. I'm pretty good at sport, and I enjoy team sports and doing things with other people.
Max

6

I like helping people and animals and I'd like to be a nurse in a care home when I'm older. I've got lots of pets – I'm mad about dogs, cats and horses. I love looking after them all.
Jade

● **b)** Find words in the texts that mean …

Remember:
You can often guess a word if …
– you know part of the word or phrase.
– you can guess from the context.
– it looks like a German word.

1 a person who writes books: _____

2 instructions for cooking things: _____

3 when something makes you ill: _____

4 a place where people live if they can't look after themselves: _____

Volunteering is fun!

Hi! I'm Jodie and I'm seventeen. I'm a volunteer at a youth club for people with special needs[1]. Some of the people who come to the club are autistic, some have Down's syndrome or other learning problems, and some are in wheelchairs. They're all young, between fifteen and twenty-five. The club is
5 great fun – we all enjoy going there.

We meet every Thursday evening and do lots of interesting activities. Sometimes we cook things – we've made pizzas and cakes. We usually listen to CDs of our favourite bands, and we have guitars and a keyboard so we can make music ourselves.

10 One day in the summer holidays we all went on a boat trip on the river, which was awesome! We each helped the men to drive the boat.

Last Thursday was a really good night. We all went to a hairdressing salon near the club – they opened the salon in the evening just for us! The hairdressers gave everybody training in hairdressing. They showed us how to wash and dry hair and we practised with a partner. I really enjoyed myself – but I don't think my
15 partner liked her hair when I finished!

For me, the best thing about the club is all the new friends that I've made.

[1] people with special needs = *Behinderte*

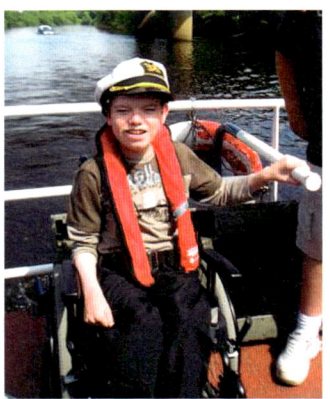

A boy from the club at the boat trip

26

twenty-six

24 **Read the article and answer the questions. Write complete sentences.**

1 How old are the people who go to the club?

They're between _____ .

2 When does Jodie go to the club?

_____ .

3 What musical instruments do they have?

_____ .

4 What did they do last summer?

_____ .

5 Where did they go last week?

_____ .

6 What did Jodie think of the visit?

_____ .

● 7 Why wasn't Jodie's partner very happy?

_____ .

● 8 Why does Jodie like the club?

_____ .

> **Tip:**
> Remember to put verbs and other words in the right form in your answers. For example:
> *When does Jodie go …?*
> ➔ *Jodie goes …*
> *I enjoyed myself.*
> ➔ *She enjoyed herself.*
> Sometimes you have to change things more. For example:
> *I don't think my partner liked …*
> ➔ *She didn't like …*

Hier kannst du darüber nachdenken, was du in den Units 1 und 2 schon alles gelernt hast.

Das kann ich!

Was kannst du **sehr gut** ↑ oder schon **recht gut** → ? Bei welchen Aufgaben
musst du dich noch **verbessern** ↓ ? Zeichne die Pfeile ein.

Unit 1

Ich kann jemanden mit mehreren Begriffen beschreiben
(z. B. *She's sporty and has short hair.*).
(Tipp: Schau dir die Übungen 1–2 auf Seite 3 an.)

Ich kann mindestens sechs englische Fragewörter nennen und ich kenne ihre
deutsche Bedeutung.
(Tipp: Schau dir die Übung 4 auf Seite 4 an.)

Ich kann meine Meinung über verschiedene Themen mit mindestens drei
verschiedenen Redewendungen ausdrücken.
(Tipp: Schau dir die Übungen 9–10 auf Seite 7 an.)

Ich kann Reflexivpronomen (z. B. *myself, yourself*) benutzen.
(Tipp: Schau dir die Übungen 15–17 auf Seite 10 an.)

Ich kann sagen, was ich jetzt (z. B. *I'm reading now.*) und was ich oft mache
(z. B. I *play tennis every week.*).
(Tipp: Schau dir die Übungen 18–19 auf Seite 11 an.)

In mein Portfolio lege ich:

Unit 2

Ich kann über Zukunftspläne reden.
(Tipp: Schau dir die Übung 2 auf Seite 15 an.)

Ich kann meine Meinung über verschiedene Berufe äußern.
(Tipp: Schau dir die Übung 8 auf Seite 18 an.)

Ich kann jemanden zu seinem Beruf befragen (z. B. *Do you ...*).
(Tipp: Schau dir die Übung 13 auf Seite 20 an.)

Ich kann in einem einfachen Gespräch zwischen Englisch und Deutsch
sprechenden Personen dolmetschen.
(Tipp: Schau dir die Übung 14 auf Seite 21 an.)

Ich kann *if*-Sätze verstehen und selber bilden (z. B. *If I found a job, I'd work all summer.*).
(Tipp: Schau dir die Übungen 16–18 auf Seite 22 an.)

In mein Portfolio lege ich:

Meine Fortschritte in Englisch sind groß ☐ mittel ☐ klein ☐ nicht erkennbar ☐ .

27

twenty-seven

Tipp: Du kannst auch einen Partner / eine Partnerin bzw. deine Lehrerin /
deinen Lehrer fragen, was er/sie zu deiner Einschätzung meint.

Weitere Übungen zu „Das kann ich!"
findest du auf der CD-ROM.

PORTFOLIO

Das kann ich auch noch!

Ich kenne sechs Adjektive, die Gefühle beschreiben (z. B. *happy*, ...).
(Tipp: Schau dir Seite 18 in deinem Englischbuch an.)

Ich kann sechs verschiedene Berufe nennen (z. B. *teacher*, ...).
(Tipp: Schau dir Seite 27 in deinem Englischbuch an.)

Meine Fertigkeiten im Sprechen und Lesen

Look at the tips on the *Test Training*-pages in Units 1 and 2. Copy three tips each for *Speaking* and *Reading*: two tips that have helped you and one tip that you're going to try.

SPEAKING

These tips helped me:

I'm going to try this tip:

READING

These tips helped me:

I'm going to try this tip:

Hier kannst du darüber nachdenken, was du in den Units 3 und 4 schon alles gelernt hast.

Das kann ich!

Was kannst du **sehr gut** ↑ oder schon **recht gut** → ? Bei welchen Aufgaben
musst du dich noch **verbessern** ↓ ? Zeichne die Pfeile ein.

Unit 3

Ich kann beschreiben, was ich auf einem Bild sehe (z. B. Landschaften, Personen
und Situationen).
(Tipp: Schau dir die Übung 2 auf Seite 31 und die Übung 18 auf Seite 40 an.)

Ich kann mit einem Partner / einer Partnerin über einen Film sprechen.
(Tipp: Schau dir die Übungen 5–6 auf Seite 34 an.)

Ich kann an ein Hotel schreiben und um Auskünfte für meine Urlaubsplanung bitten
(z. B. Lage des Campingplatzes, Zimmerpreise).
(Tipp: Schau dir die Übungen 12–13 auf Seite 37 an.)

Ich kann das Passiv verstehen, bilden und verwenden
(z. B. *Kangaroos are found in Australia. The hospital was saved.*).
(Tipp: Schau dir die Übungen 14–15 auf Seite 38 an.)

Ich kann je fünf Sätze mit *going to-future* und *will-future* bilden.
(Tipp: Schau dir die Übungen 16–17 auf Seite 39 an.)

In mein Portfolio lege ich:

Unit 4

Ich kann einen Text über Tätowierungen schreiben und meine Meinung dazu
deutlich machen.
(Tipp: Schau dir die Übungen 5–6 auf Seite 46 an.)

Ich kann notieren, was jemand am Telefon gesagt hat.
(Tipp: Schau dir die Übung 8 auf Seite 47 an.)

Ich kann fünf Tätigkeiten im Haushalt nennen, z. B. *cook*.
(Tipp: Schau dir die Übung 9 auf Seite 48 an.)

Ich kann Fragen mit *do, does* und *did* stellen.
(Tipp: Schau dir die Übung 13–15 auf Seite 50 an.)

Ich kann fünf Sätze mit der *ing*-Form schreiben, z. B. *Playing cards is fun, I tried diving.*
(Tipp: Schau dir die Übungen 16–17 auf Seite 51 an.)

In mein Portfolio lege ich:

Meine Fortschritte in Englisch sind groß ☐ mittel ☐ klein ☐ nicht erkennbar ☐ .

Tipp: Du kannst auch einen Partner / eine Partnerin bzw. deine Lehrerin /
deinen Lehrer fragen, was er/sie zu deiner Einschätzung meint.

Weitere Übungen zu „Das kann ich!"
findest du auf der CD-ROM.

PORTFOLIO

Das kann ich auch noch!

Ich kann sechs Dinge nennen, die man auf einem Bild sehen kann
(z. B. *There's the sea. I can see cows, ...*).
(Tipp: Schau dir Seite 41 in deinem Englischbuch an.)

Ich kann sechs Probleme nennen (z. B. *not enough money, ...*).
(Tipp: Schau dir Seite 55 in deinem Englischbuch an.)

Meine Fertigkeiten im Schreiben und Hören

Look at the tips on the *Test Training*-pages in Units 3 and 4. Copy three tips each for *Writing* and *Listening*: two tips that have helped you and one tip that you're going to try.

WRITING

These tips helped me:

I'm going to try this tip:

LISTENING

These tips helped me:

I'm going to try this tip:

Unit 3
A Land Down Under

1 Four lives: listen again to the four people. Complete these sentences.

15

1 Jessica isn't Australian: she's _____. Her family came to Australia _____ years ago. She misses her grandparents and her _____.

2 Uluru is about _____ metres high. Tom's father is a tour _____. He takes tourists around the rock.

3 Melbourne is in the _____ of Australia. In December and January, it can get hot – up to _____ degrees!

4 Ralph is learning to be an Australian _____. They use horses and _____ too.

▸ S. 41

2 **a)** Describing a picture. Cross out the words you can't use in these sentences.

1 You can see a cat in the … foreground/~~down under~~/background/~~apprenticeship~~/car.

2 On the left, there are some … people/animals/hours/perhaps/children.

3 The adults are … sitting/standing/exciting/talking/piercing/buildings.

4 The man on the right has … puzzled/a beard/a tattoo/blonde/sunglasses.

5 The woman on the left is … good-looking/raining/slim/size/pregnant.

6 I think the boy feels … multicultural/annoyed/nationality/embarrassed/disappointed.

b) Now write at least six sentences (● ten sentences) about this picture. The sentences in 2a) can help you.

Ideas:
- What can you see?
- What are the children doing?
- What's the man on the left doing?
- What's the woman wearing?
- How does the little girl look?
- What's the weather like?

▸ S. 41

An Exciting Birth

A baby girl was born in a Royal Flying Doctor Service (RFDS) plane in the state of South Australia on Saturday.

5 The baby's father, Glenn Anderson, phoned the hospital in their home town, Mount Gambier, in the middle of Friday night, to tell them the baby was coming – eight weeks early!

10 "We were really worried because we knew it was too early," said Mr Anderson. "The hospital here said we had to go to the big hospital in Adelaide because the baby would need special equipment. It was terrible!" The Andersons live 450 km from the state capital, Adelaide. That's about six hours away: too far to go by road.

15 The Royal Flying Doctor Service was called and a special plane was sent to Mount Gambier. Mrs Jennifer Anderson and her husband were taken to the hospital in Adelaide – but the baby couldn't wait! She was born at 8.30 a.m., just minutes before they arrived in Adelaide, with the help of a nurse on the plane.

"I can't describe how happy we are!" said Mr Anderson. "I'd like to thank all the doctors and nurses at the hospital and the team on the plane – they were absolutely fantastic, and we're so lucky that our baby is safe 20 and healthy. The RFDS saved our baby's life. We've called her Harriet, because that's the name of the nurse on the plane," he added.

Mother and baby are still in hospital. Harriet, who weighed only 1.3 kg at birth, is in an incubator at the moment and will stay in hospital for some time, but doctors say that she is a strong little girl.

32

thirty-two

3 **a)** **Read the article. One thing is wrong in each sentence. Cross it out and correct it.**

1 The article is about a baby and the Royal Flying ~~Teacher~~ Service.   *Doctor*

2 The baby was born in a shop. _____

3 Mrs Jennifer Anderson had a baby boy at the weekend. _____

4 The baby was eight weeks late. _____

5 Mr and Mrs Anderson live in Adelaide, South Australia. _____

6 Mount Gambier is six days away from Adelaide. _____

7 Mr and Mrs Anderson went to Adelaide hospital by car. _____

8 The baby was born at half-past eight on Saturday evening. _____

9 They called the baby Harriet because her mother was called Harriet. _____

10 Mrs Anderson and her baby are now at home. _____

► S. 45

b) Find the opposites for these words. You can find them all in the article.

		opposite
1	died	*was born*
2	north	
3	late	
4	small	
5	near	
6	sad	
7	fantastic	

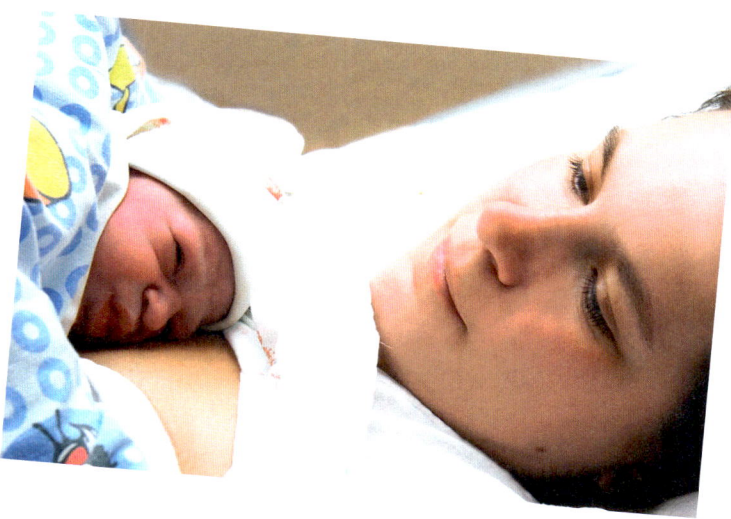

► S. 45

4 Read Erin's e-mail and write the right word in each space (= *Lücke*).

33

thirty-three

Hi Megan!

Did I tell you I have a new pet (1) _____?

He's white and really friendly and he's called Snowy.

But mum says rabbits are dirty, so I have to

(2) _____ him out of the house.

I'm (3) _____ to play with him in the garden.

Last week the garden gate was open and Snowy

(4) _____! I looked everywhere for him.

I wanted to phone the (5) _____, but mum

said that was silly. I was really (6) _____

without my rabbit and I put posters in all the shops.

At (7) _____ somebody phoned and told me

there was a white rabbit in a farm (8) _____

near our house. I went there and brought him home.

I was so (9) _____!

Tip:
Read the text first. Then think about the missing words – which word is right in the context?
If you're not sure, read the sentence again – with each word in it.

1 bike / brother / rabbit / toy

2 behave / give / keep / train

3 against / allowed / annoyed / clever

4 ate / embarrassed / escaped / lost

5 plumber / police / pool / pyjamas

6 beautiful / clever / happy / miserable

7 last / least / once / the moment

8 background / boss / building / bush

9 depressed / relieved / tired / pregnant

► S. 45

Weitere Übungen zu „Unit 3, Reading" findest du auf der CD-ROM.

5 **WORDPOWER**
What kind of films are these?
Find the missing letters (a, e, i, o, u) and write the complete words.

1 w*st*rn   *western*

2 c*m*dy   _____

3 thr*ll*r   _____

4 h*rr*r f*lm   _____

5 *ct**n f*lm   _____

6 r*m*nc*   _____

▶ S. 46

6 **ROLE PLAY   Three Australian films**

a) **Find the right answers to questions 1–6. Draw lines. Then write the dialogue.**

PARTNER A

1 What's the title of the film?

2 What kind of film is it?

3 What's it about?

4 What happens in the film?

5 Who's the star of the film?

6 Is it a good film?

PARTNER B

It's about a girl who dreams of a big wedding.

It's a romantic comedy, but it's sad too.

It's *Muriel's Wedding*.

The star is Toni Collette, who plays Muriel.

Yes, it's a great film. It's very funny.

The girl leaves her boring life in a small town and goes to live in Sydney.

b) **Practise the dialogue with your partner.**

c) **Now write dialogues about these two films. Use the questions (1–6) from 6a).**
Then practise the dialogues with your partner.

- *Walkabout*
- drama *(= spannender Film)*
- white girl, brother and an Aboriginal boy
- girl and boy get lost in bush / meet Aboriginal boy / helps them
- stars: Jenny Agutter and David Gumpilil (plays Aboriginal boy)
- great film, but very sad too

- *Crocodile Dundee*
- comedy
- man from Australian bush
- an American journalist meets Mick (man who lives in bush) / invites him to New York / Mick has never been to a city!
- star: Paul Hogan (plays Mick)
- awesome / really funny

d) **Write a dialogue about another film (it needn't be Australian).**
Then practise the dialogue with your partner.
▶ S. 46

7 INTERPRETING

Your Australian friend, Jack, is staying with you. Your aunt Lili wants to ask him about films, but she doesn't speak English. Can you help?

LILI   Wer ist dein Lieblingsschauspieler, Jack?

YOU   *Who's your favourite* _____ ?

JACK   David Gulpilil. He's an Aboriginal Australian.
Do you know him?

YOU   _____

  _____

LILI   Nein.

YOU   _____

JACK   His first film was *Walkabout*, but he was also in *Crocodile Dundee* and lots of other films.
Before he became an actor, he was a hunter and tracker.

YOU   _____

  _____

  _____

LILI   Ich habe *Crocodile Dundee* gesehen, aber *Walkabout* habe ich nicht gesehen.
Den Film würde ich gerne sehen.

YOU   _____

  _____

▶ S. 47

● 8 MEDIATING

**Lili wants to know what this TV programme is about.
Write the main points in German.**

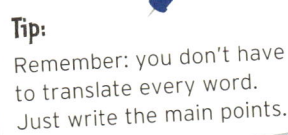

Tip:
Remember: you don't have to translate every word. Just write the main points.

7.30 *Documentary:* Dame Edna Everage

Dame Edna Everage is perhaps the most famous woman in Australia – or should we say *man*? Dame Edna is, of course, the well-known comedy character played by male comedian Barry Humphries. Everybody knows what Dame Edna looks like – her lilac-coloured hair, her large, fancy glasses, her film-star clothes. Everybody loves her: she chats, she gives advice, she's friendly – and at the same time, she makes fun of the celebrities she's talking to. She's *very* funny.

▶ S. 47

Weitere Übungen zu "Unit 3, Speaking" findest du auf der CD-ROM.

9 Listen to four news reports on the radio.
Find the right picture for each report.

Tip:
You don't need to understand every word – just the general topic.
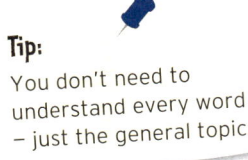

Report 1 = Picture _____   Report 3 = Picture _____

Report 2 = Picture _____   Report 4 = Picture _____

A

B

C

D

E

F

► S. 49

10 Listen to the announcements and write the missing information.

1

Train: Nerang Station to Brisbane Airport

Leaves from platform number: _____

Leaves at: _____

Arrives at: _____

2

Brisbane to Cairns:

Flight number: QF 07_____

Leaves from gate number: _____

Boarding time: _____

► S. 49

11 Listen to the conversation and finish these sentences.

1 The woman can't find _____.

2 She finds it in _____.

3 I think the woman feels _____ at the end.

► S. 49

12 **Complete the questions with the right words from the boxes.**

➡️ are • can • do (2x) • does • is

1 _____ your campground have a pool?

2 _____ buses stop near the campground?

3 _____ there a cafe?

4 _____ there shops in the campground?

5 _____ we hire tennis equipment?

6 _____ you have a website?

➡️ how far • how many • how much • what • when • which

7 _____ do you close for winter?

8 _____ is it per night?

9 _____ is the nearest town called?

10 _____ is the beach from the campground?

11 _____ station is nearer, Robina or Kerang?

12 _____ dogs can we bring?

▶ S. 51

13 **a)** **Find useful phrases for an e-mail to a hotel. Draw lines.**

1 Dear ...   ask for some information.

2 I'm coming to ...   faithfully,

3 I'm writing to ...   Sir/Madam,

4 I'm looking forward to ...   Australia with my family.

5 Yours ...   hearing from you.

 b) **Look at the pictures and read the phrases.**
Then write an e-mail to a hotel and ask these questions.

restaurant?

how much / night?

buses?

Tip:
The questions in 12
and the phrases in
13a) can help you.

near hotel?

how far?

hire bikes?

where / nearest beach?

▶ S. 51

  Weitere Übungen zu „Unit 3, Writing" findest du auf der CD-ROM.

14 **Read this article about kangaroos** (= Kängurus)**. Write the *present passive* form of the verb.**

The kangaroo is one of Australia's favourite animals.

Its picture *is used* (*use*) everywhere: on souvenirs,

on posters and on planes! Wild kangaroos

_____ (*find*) all over Australia, not

just in the bush. Red kangaroos live in the centre

of Australia, but grey[1] kangaroos _____

(*see*) in areas where it rains more.

A baby kangaroo _____ (*call*) a joey

and is only about 2 cm long when it is born.

It _____ (*keep*) in its mother's pouch

for about nine months. A joey _____ (*feed*)

by its mother for about 18 months.

[1] grey = *grau*

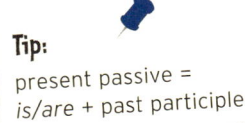

Tip:
present passive =
is/are + past participle

A joey in its mother's pouch

► S. 52

15 **Read this article about a kangaroo hospital.
Write the *past passive* form of the verb.**

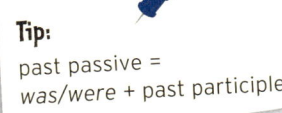

Tip:
past passive =
was/were + past participle

Meet Roo. Roo's mother *was killed* (*kill*) by a car, and Roo,

a young joey, _____ (*bring*) to the Wilde's

Creek Kangaroo Hospital. Roo _____ (*hurt*) in

the accident, but he _____ (*look*) after by the

hospital's vets and now he's fine.

Last year nine kangaroos _____ (*help*) at the

hospital. But it nearly had to close because it had money problems. Many people in the

area _____ (*ask*) for help. The hospital was lucky: money, equipment and

toys _____ (*send*), and the hospital _____ (*save*).

► S. 52

Weitere Übungen zu „Unit 3, Practice" findest du auf der CD-ROM.

16 *Going to*-future

a) **These people are making New Year's resolutions** (= gute Vorsätze fürs neue Jahr)**.**
Write the sentences. Use the future with *going to.*

1 I / help my parents more

2 we / join an art club

3 he / eat less chocolate

4 they / learn Spanish

5 she / do her homework
on time

6 I / go swimming /
more often

► S. 82

● **b) Write five New Year's resolutions for yourself.**

17 *Will*-future

 James and his friends are organizing a concert.
Write their conversation. Use the *will*-future**.**

JAMES	*(Who / help me)* phone some bands?
AVA	*(I / help you)*.
RUBY	*(I / make)* some posters on my computer.
DAN & AVA	*(We / put)* the posters in all the shops.
JAMES	Ruby, *(you and Luke / make)* some tickets for the concert?
RUBY	Yes, then *(we / take)* them to school and sell them.
JAMES	*(Who / ask)* the teachers if we can use the school gym?
EVERYBODY	Not me!!
JAMES	OK, OK, *(I / do)* it!

► S. 83

18 **a)** **You're going to describe a picture.**
Find other words for the words in blue.

Tip:
If you've forgotten a word, or don't know it, don't panic. Use other words instead.

1   The woman is sitting on the grass. ➜ The woman is sitting on the *ground*.

2   She's listening to her MP3 player. ➜ She's listening to _____ .

3   The boys are laughing. ➜ The boys are enjoying _____ .

4   The weather is hot. ➜ The weather is very _____ .

b) **What can you see in the picture?**
Answer all the questions.
Write one sentence or more for each question.

Tip:
Remember the phrases from exercise 2a) on page 31:
in the foreground / on the left, etc.

1   How many people are there and where are they? _____

_____

2   What's the woman doing? _____

_____

3   Describe the woman. _____

_____

4   What's the little girl doing? _____

5   What are the boys doing? _____

6   What's the weather like? _____

7   What other things can you see in the picture, and where? (Write two sentences or more.)

_____

_____

19 **a)** Give your opinions.
Write six long and interesting sentences.

| I love
I really like
I'm (not) a big fan of
I'm (not) very keen on
I don't like
I hate | sports programmes
talk shows
news programmes
hip-hop music
Avril Lavigne
Brad Pitt | because
and
but | I think | they're
it's
he's
she's | awesome • funny
boring • terrible
interesting • cool |
| | | | in my
opinion | he's
he isn't
she's
she isn't | a great dancer
a good actor
good-looking |

b) Read Jake's e-mail. Then write an e-mail to him and answer his questions. The sentences in 19a) can help you.

> Hi!
> Many thanks for your e-mail. I'm sending you some photos
> of the band I'm in.
> What kind of music do you like? Do you like rap? What kind
> of TV programmes do you like? Who's your favourite star?
> Write soon.
> Jake

20 A school trip to Cairns.
a) Read the start of the story.

Katy lives in Queensland, Australia.

Last week, Katy and her class went with her class to Cairns,
on the coast. They went on a boat trip to an island, where they
went swimming in the sea and saw lots of beautiful tropical
fish. When the boat came back to Cairns, the class went to the
Night Markets, a market hall with lots of little souvenir shops.
Their coach was in front of the Night Markets.

Katy looked round one shop for a long time, but when she came
out, she couldn't see her class or her teacher. She went to the coach, but they weren't there. Oh no! ...

b) Now finish the story in your own words.
These questions can help you:
• Where did Katy look for her class?
• Did she ask some other people?
• How did she feel?
• How long did she look for the others?
• How did she find them?
• What did her teacher say?

TEST TRAINING: WRITING

21 **a)** These are useful phrases for a letter. Write the missing words.

1   Dear Sir/_____ ,

2   _____ writing to ask _____ some information.

3   I'm coming to England _____ my family.

4   _____ you please send _____ some brochures?

5   I'm looking _____ to hearing from _____ .

6   Yours _____

b) You're going to visit Whitby, a town in the North of England. Write a letter to the tourist office and ask for information.

Tip:
The phrases in 21a) can help you.

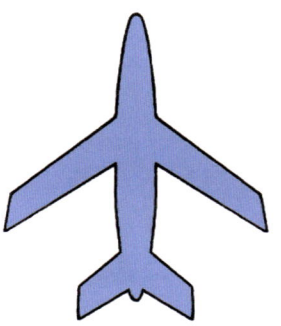

how far / Teeside airport?

change trains?

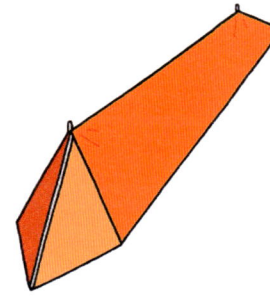

nearest campground?

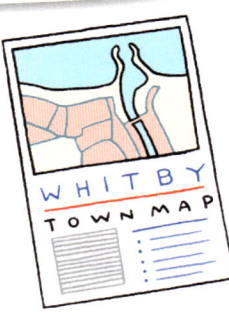

send map of town?

Whitby Tourist Information
Langborne Road
Whitby
North Yorkshire
YO21 1YN
England

Whitby

22   Your English friend, Mel, has sent you this e-mail.
Write an e-mail back to Mel.
Tell her what you did at the weekend.

Then after lunch on Sunday, I went to the park with my friend Caroline, who lives in my street. We wanted to play tennis, but it started to rain so we came home.

Tip:
• Think about how to start and end the e-mail. It's to a friend, so don't write *Dear Sir/Madam* and *Yours faithfully*!
• Show that your English is really good!
  – Write longer sentences, with *because, and* and *but*.
  – Use time phrases like *first, then, in the evening* and *after that*.
• Check your work. Correct things that are wrong.

Unit 4
Under pressure?

1 **Listen to the four teenagers again. Are these sentences true (T) or false (F)?**

21

1 Alex would like to work with dogs and cats.

2 There's lots of unemployment where Alex lives.

3 Ruby has lots of big problems at the moment.

4 Ruby has her own room.

5 Ruby's parents don't always understand her.

6 Zara feels under pressure because she has exams.

7 Zara always gets good marks at school.

8 Lewis has problems with his girlfriend.

▸ S. 55

2 **a) Olivia is under pressure! Write the topics that she's thinking about.**

→ alcohol and drugs • family life and parents • girlfriends/boyfriends
homework • future plans/job • money • taking exams
problems with other teenagers

1 I don't know what I'll do when I leave school.
   I don't know where I want to work.

4 I had a date with a really cool boy. I thought it
   was great, but he hasn't phoned me …

2 Our teachers give us too much
   to do after school, and it's too
   hard. I don't have any time
   left for myself!

5 Our teachers give us lots
   of tests, and I hate them.
   Next month we're having big,
   important tests. Oh no!

3 People in my class take things from my bag
   when I'm not looking. I can't do anything
   about it because they're bigger than me.

6 I'm not allowed to come home late and I often
   have to look after my little sister. It's not fair!

b) **What should Olivia do? Write some advice for three of her problems.**   ▸ S. 55

3 **a)** Some teenagers have posted these problems on a website's chat room. Read the answers first. Then read the problems. What was the problem?

Answer	1	2	3	4	5	6
Problem						

Tip:
You won't find the same words in the questions and answers. You have to read each answer carefully to find out what it's about.

Answers:

1 Join in with activities, for example join a sports club or, if you like singing, join the school choir. You'll meet lots of people that way, in your own class and other classes too. Remember to smile: if you look friendly, people will talk to you.

2 Write down what you spend. Do you buy things that you don't need? You could tell your parents what you need to buy and ask them for more pocket money – or maybe you should start earning some money yourself.

3 I was just like you till I started doing karate. Don't laugh – it's true! Karate isn't about violence. It gives you more confidence and makes you feel calm and strong. Try it – it'll make you feel good about yourself!

4 Don't do it – you know it isn't fair! Talk to somebody you trust, for example a nice teacher or a relation (an aunt, cousin, grandparent?), and tell them what these people are doing.

5 Before you say anything, help them with the housework for a week! Don't go into town with your friends every evening. Spend more time doing your homework, then ask them to help you!

6 Why don't you phone her or text her? Perhaps there's a good reason, e.g. she's been on holiday, she's ill, or she has a problem. Ask to meet her. If she wants to finish with you, she should tell you to your face.

Problems:

A All my friends bully this new boy in our class. They want me to join in but I feel bad about it. What can I do?

B I've got bad marks in my exams. *Really* bad. How can I tell my parents? They're going to be so angry...

C I don't like my boyfriend. How can I finish with him?

D I've just changed schools. How can I make new friends?

E I'm not very self-confident. Any ideas?

F My teachers are too strict.

G Help! I never have any pocket money left at the end of the week!

H My girlfriend hasn't phoned me for two weeks. What should I do?

● **b)** AND YOU?

Take one problem (A–H) from page 44 and write your answer.

c) Remember, you can often guess words without using a dictionary.
Find these words from the answers on page 44. Guess their meanings.
How did you guess? Put ticks in the table. (You can put more than one tick.)

English	I know part of the word/phrase.	I can guess from the context.	It looks like a German word.	German
1 choir (answer 1)				
2 karate (answer 3)				
3 fair (answer 4)				
4 relation (answer 4)				
5 housework (answer 5)				

▶ S. 57

4 **a)** What to do if people are bullying you …
Read the sentences. What goes together? Write the letters (a–h).

1 = _____   2 = _____   3 = _____   4 = _____   5 = _____   6 = _____   7 = _____   8 = _____

1   Don't just hope the bullying will stop – do …   a   write them a note instead.

2   For example, talk to somebody you can trust, like …   b   you could get hurt.

3   Ask a friend to walk to school with you so you're …   c   something to make it stop!

4   If you find it hard to talk to somebody, …   d   not alone.

5   In school, stay in a safe area where there are …   e   and show them to a teacher.

6   Don't fight back, even if the bullies use violence – …   f   a teacher, a counsellor or a relation.

7   Keep unkind e-mails and text messages, …   g   bully you!

8   Remember – nobody has the right to …   h   lots of other people.

b) Now write the sentences together to make an article.

What to do if people are bullying you …
Don't just hope that the bullying will
stop – do something to make it stop!
For example, talk to …

▶ S. 57

WRITING

5 Write these sentences in your exercise book. Put them together with *because*, *and* or *but*. This shows that your English is really good.

1 In my opinion, tattoos look terrible. [?] They're expensive too.

In my opinion, tattoos look terrible and they're expensive too.

2 I wouldn't like to have a tattoo. [?] I think they look good on other people.

3 I can't have a tattoo. [?] My parents say I'm too young.

4 I don't like tattoos. [?] My friends hate them too.

5 On the one hand, I'd like to have a tattoo now. [?]

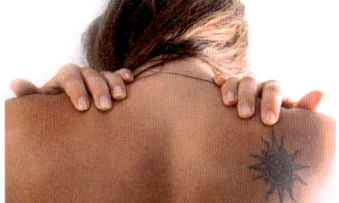

On the other hand, perhaps I won't like it when I'm 90!

6 I think tattoos are cool. [?] They make you look different from other people too.

7 I'd like to get a tattoo. [?] I won't. [?] They hurt when you get them.

▶ S. 59

6 **a)** Copy the mind map about tattoos and finish it. Use your own ideas.

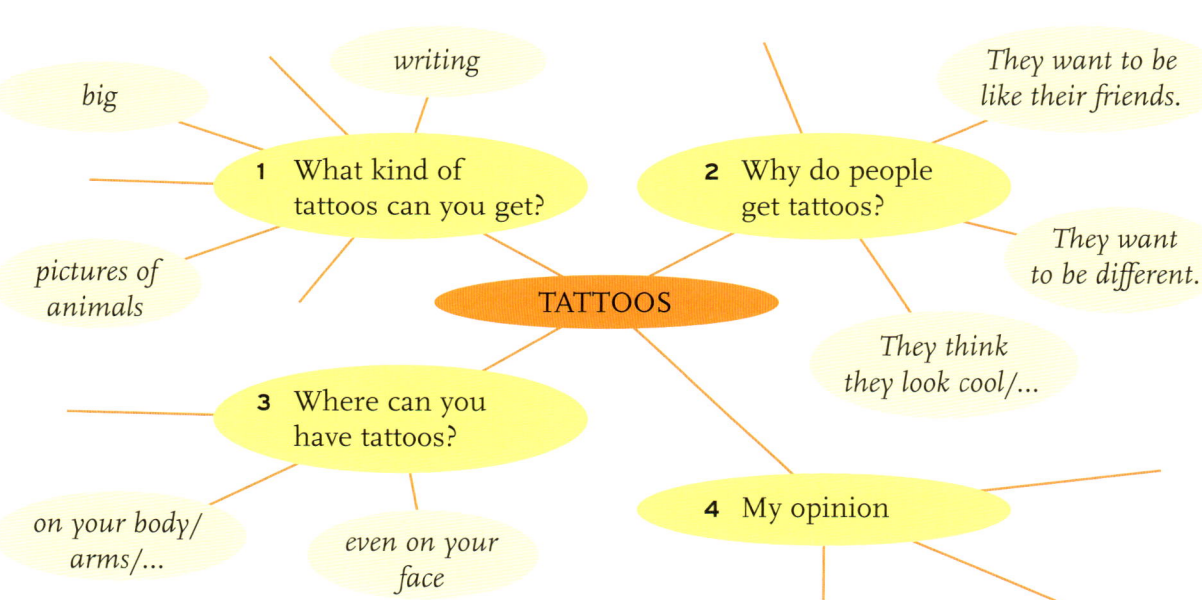

writing

big

pictures of
animals

1 What kind of
tattoos can you get?

2 Why do people
get tattoos?

They want to be
like their friends.

They want
to be different.

TATTOOS

They think
they look cool/...

3 Where can you
have tattoos?

4 My opinion

on your body/
arms/...

even on your
face

▶ S. 59

b) Now look at the checklist to help you plan and write a text about tattoos.
- Think of a title.
- Write your text. The ideas from
  the mind map in exercise 6a)
  can help you.
- Check your text.
  Use the checklist again.
- Correct mistakes, or write your
  text again to make it better.

Checklist:
- Does the text have a good title?
- Is the spelling right? Use a dictionary.
- Is the word order right?
- Does each paragraph have one main point?
- Are there lots of different verbs?
- Are the verbs in the right tense?
- Are there words like *and*, *but*, *because*, *also*, ...?

 Weitere Übungen zu „Unit 4, Writing" findest du auf der CD-ROM.

46

forty-six

7 Look at each picture and listen to the three sentences.
Which sentence best describes the picture? Tick A, B or C.

24

1 A ☐ B ☐ C ☐   **2** A ☐ B ☐ C ☐

47

forty-seven

3 A ☐ B ☐ C ☐   **4** A ☐ B ☐ C ☐   [1] swot = *Streberin*

▶ S. 60

8 Listen to the phone calls.
Complete these phone messages.

25

Tip:
• Listen carefully and then write your answers quickly.
• When you've stopped listening, check your English.
  Are there any mistakes?

1 ☎ *From:* Peter

Message: He can't come to _____

on _____ because he has

_____ on _____ .

2 ☎ *From:* Mandy

Message: She can go to _____

with Rob on _____, but she has

to _____ .

3 ☎ *From:* Rachel

Message: Do you want to _____

_____ Phone her _____

_____ .

4 ☎ *From:* Tom

Message: _____

_____

_____

▶ S. 60

🔵 Weitere Übungen zu „Unit 4, Listening" findest du auf der CD-ROM.

9 **WORDPOWER**
a) Jobs at home. Fill in the right verbs.

		_____ my bedroom.
	never	_____ the table.
	don't	_____ the dishwasher.
I	sometimes	_____ the rubbish.
	often	_____ meals.
	always	_____ the computer when it doesn't work.

 b) How often do you do these six things at home? Write sentences with *and*, *but* and *too*.

> I often lay the table and I sometimes cook meals too.

● **c)** ROLE PLAY
Make a survey form. Use the ideas in exercise 9a).
Then ask five people these questions and tick their answers on the survey form.

Survey: jobs you do at home				
	always	**often**	**sometimes**	**never**
How often do you clean your bedroom?				
How often do you lay the table?				
How often do you ...				

► S. 62

● **10** **a)** Write this conversation between a teenage girl and her mother.
You can use the ideas in the box.
Start like this.

MOTHER   What's wrong?

GIRL   You know what's wrong. I ...

MOTHER   ...

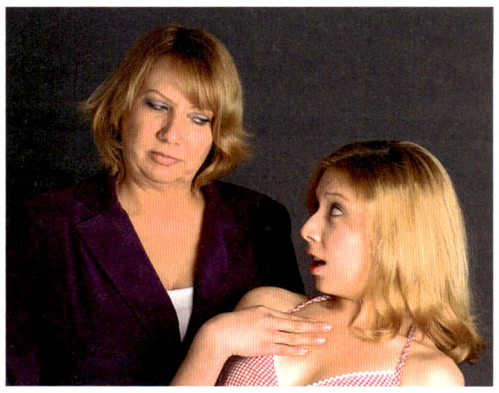

Ideas:

girl: live my life • have more freedom • go out make my own decisions • too strict

mum: responsible for • still young • make mistakes worry about you • dangerous

b) Act your conversation with your partner.

► S. 62

11 **INTERPRETING**
You and your friend, Julia, are staying with an Irish friend, Ryan.
Julia's English isn't very good, so you interpret for her.

Tip:
Use the right pronouns.
I have to be … ➔ *Er muss …*

JULIA   Sind deine Eltern streng, Ryan?

YOU   Are your _____

RYAN   Yes, very. I have to be home before 9.30 p.m.

YOU   _____

JULIA   Sogar am Wochenende? Das ist nicht fair!

YOU   _____

RYAN   I'm allowed to stay out a bit later at the weekend. What about you?

YOU   _____

_____

JULIA   Meine Eltern sind nicht zu streng, aber ich muss sie anrufen, wenn es ein Problem gibt.

YOU   _____

_____

_____

_____

▶ S. 63

12 **MEDIATING**
Fathers and sons
Tell your partner the joke in German.

Tip:
You don't have to translate every word.
You can change the words a bit.

A father is reading his newspaper one day.
His young son comes in and asks, "Dad, will
you take me to the zoo tomorrow?"
"No," says his dad. "If they want you, they
can come and get you."

Weitere Übungen zu „Unit 4, Speaking" findest du auf der CD-ROM.

▶ S. 63

PRACTICE

13 Questions for Mum.
(Circle) the right word: *do, does* or *did.*

1 *Do / Does / Did* you have £9 for my school dinners this week?

2 Where *do / does / did* you put my trainers?

3 *Do / Does / Did* I have to go to school today?

4 *Do / Does / Did* you buy some milk yesterday?

5 How *do / does / did* the dishwasher work?

▶ S. 66

14 Questions about last night. Two friends are talking.
Finish this conversation and write the questions.

1 `last` `you` `where` `go` `did` `night` `?`   *Where* _____

– I went to a party.

2 `go` `did` `who` `with` `you` `?`   _____

– I went with my friend.

3 `you` `how` `did` `get` `home` `?`   _____

– We walked home.

4 `party` `finish` `the` `did` `when` `?`   _____

– It finished at 1 a.m. and I got home at 1.30 a.m.

5 `did` `say` `your` `what` `parents` `?`   _____

– They were really angry! They said I can't go to any parties for two months!

▶ S. 66

15  AND YOU?
Questions for a star.
Write five questions
(● ten questions) you'd like to
ask your favourite celebrity.

When did you ...?

Ideas:
• when / start singing / playing football / ...?
• where / live?
• what / do in your free time?
• your family come to all your concerts/matches/...?
• like German music?

▶ S. 66

Weitere Übungen zu „Unit 4, Practice" findest du auf der CD-ROM.

16 *ing*-form

a) What's your opinion about these things? Write six sentences in your exercise book.

Doing homework	
Watching *Formula 1* racing	fun boring important awesome
Eating lots of fast food	exciting dangerous great interesting
Going shopping in town is ...	expensive hard good/bad for you
Playing cards	
Learning another language	useful a waste of time nice terrible
Chatting online	

b) Write your opinion about six other things. For example: concerts, sports, food, hobbies or things you have to do at home or at school.

Going to concerts is ... / Doing ... / Eating ...

► S. 88

17 Complete this postcard. Fill in the right verbs in the *ing*-form.

→ dive • have • rain • read • see • show • sit • swim

Hi Pete,

I'm having a great holiday! I went _____ every day last week,

and on Friday I tried _____ , which was awesome!

The weather isn't very good at the moment, but when it stops _____

we'll go to the beach. My sister likes _____ books in the sun,

but I hate _____ on the beach doing nothing – it's just boring!

Tomorrow I'm going to start my _____ lessons.

That should be fun!

I'm looking forward to _____ you soon and _____

you my photos!

Tim

► S. 88

18 Listen and write the prices (1–4) and the times (5–8).

26 How much?

1 £ 21._____

2 £ 4._____

3 £ _____

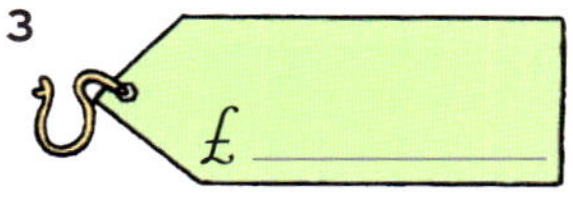

4 £ _____

Tip:
Listen carefully to numbers:
15 = fif<u>teen</u>   50 = fif<u>ty</u>

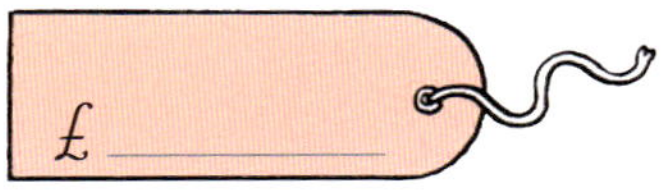

What time?

5 6 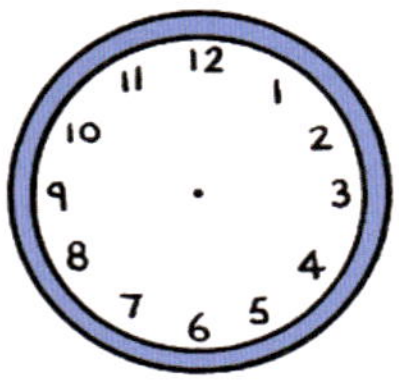 7 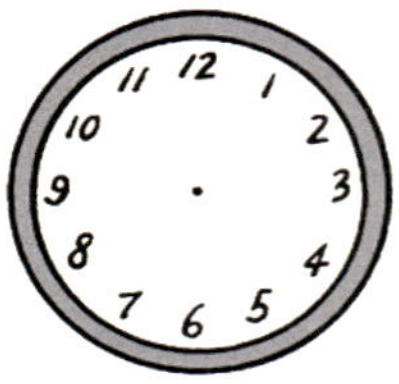 8

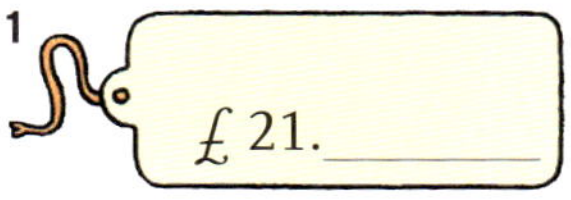

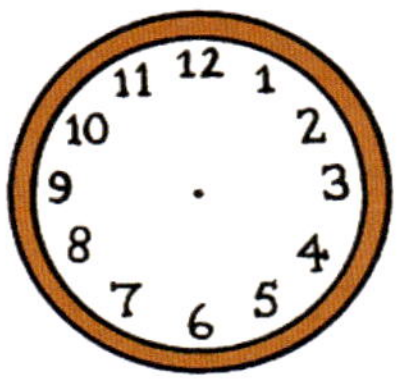

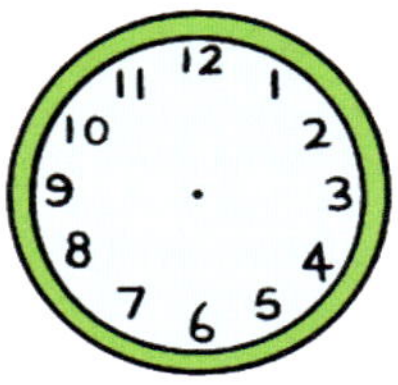

19 a) Find words and phrases that mean the same kind of thing. Write the letters:

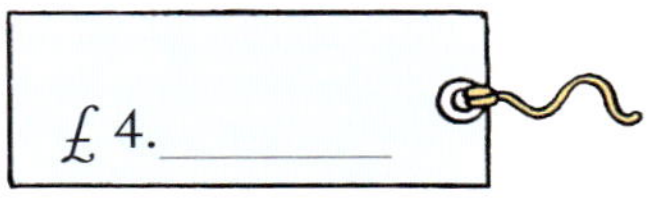

____ + ____ ____ + ____ ____ + ____ ____ + ____

____ + ____ ____ + ____ ____ + ____ ____ + ____

Tip:
Don't look for the same words. Look for words and phrases that *mean* the same.

A my parents   **B** music   **C** riding my bike   **D** at home

E mum and dad   **F** cinema   **G** reading   **H** great   **I** a week

J my MP3 player   **K** at my house   **L** seven days   **M** films

N cycling   **O** books and magazines   **P** awesome

27 **b)** Now listen. Which hobbies does each person have? Look at the pictures and write the letters.

1 Fiona's hobbies: ____ + ____

2 Mark's hobbies: ____ + ____

3 Jenny's hobbies: ____ + ____

4 Adam's hobbies: ____ + ____

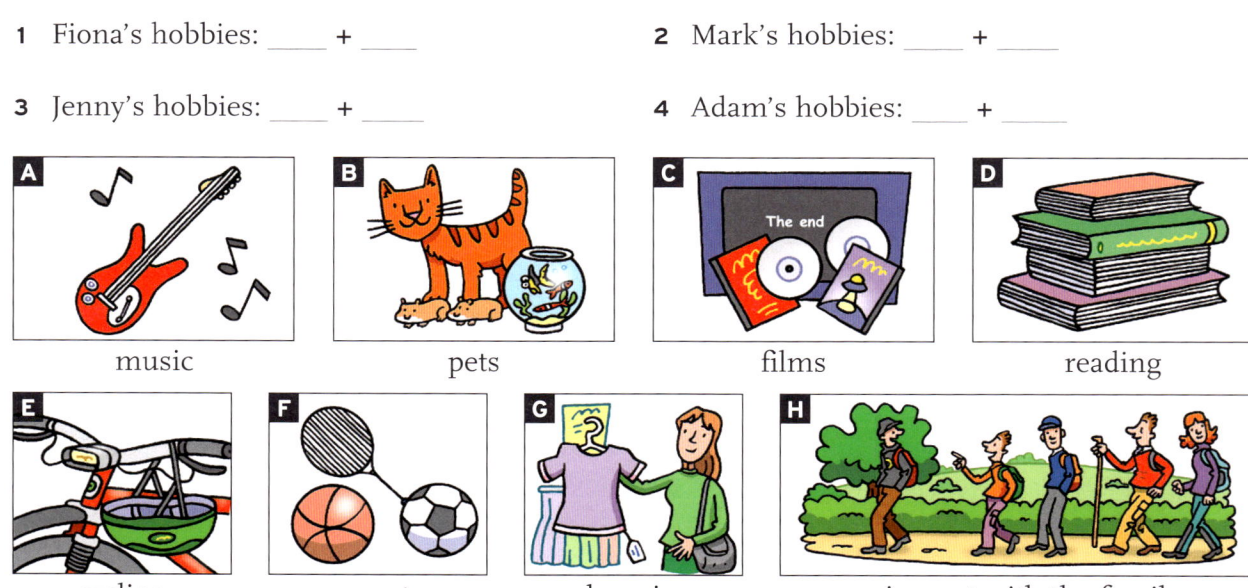

A music   B pets   C films   D reading

E cycling   F sport   G shopping   H going out with the family

20 Jake is talking to a friend about helping at home.
Are these sentences true?
Tick *true* or *false*.

28

	true	false
1		
2		
3		
4		
5		

1 Jake helps his parents at home.

2 He lays the table.

3 He empties the dishwasher.

4 Jake's sister helps their parents too.

5 Jake thinks it's fair that children help at home.

Tip:
Listen carefully –
small words can
change the meaning!
For example:
I never cook and clean
is the opposite of
I often cook and clean.

21 Lydia has a job interview.

29

● Sentences 1–5: tick A, B, or C.

● Questions 6–8: write the answers.

Tip:
Read the questions before you listen.
Then you'll know:
– what the text is about.
– what information you need to find.

1 Lydia wants a job ...

A ☐ in a department store.   B ☐ in a cafe.   C ☐ in a hotel.

2 She had a job ...

A ☐ last month.   B ☐ last winter.   C ☐ last summer.

3 Lydia's hobby is ...

A ☐ sport.   B ☐ music.   C ☐ cooking.

4 Lydia could work on ...

A ☐ Saturdays only.   B ☐ Saturdays and Thursday evenings.

C ☐ Saturday evenings and Thursday evenings.

5 She could start work ...

A ☐ next Saturday.   B ☐ next Thursday.   C ☐ on Saturday 18th.

● 6 When will Lydia start and finish work on a Saturday?

_____

● 7 What will she have to wear?

_____

● 8 How much will Lydia earn when she starts?

_____

EXAM TIPS

1 **Look at the pictures and read the tips on pages 54 and 55.**
Find the right tip for each picture.

Preparing for the exam ...

Tip _____

Tip _____

Tip _____

Tip _____

A Check the date and time of the exam.
Don't arrive late!

B Don't forget your pens, pencils, ruler
and dictionary when you go to the exam.
Take at least two pens!

C Work every day for a short time.
And make a plan of what you're going
to do each day.

D Work where it's quiet, for example
in the library. Don't watch TV while
you're trying to prepare for your exam.

EXAM TIPS

Tip ____

Tip ____

Tip ____

Tip ____

E Don't panic in the exam! Read the questions slowly and carefully – and do your best!

G Learn the things you find most difficult, not the easy things that you know! Write notes to help you learn them. If you don't understand something, ask a friend or your teacher.

F Work hard, but do some sport or other exercise too. Working all the time isn't good for you!

H Have a good breakfast on the morning of the exam. It'll help you to think well, and you won't feel hungry while you work.

EXAM TIPS

2 Tips for your exam! Finish the sentences.

➡️ at the end. • go to the next question. • no mark! • the example answer. time do you have? • verb tenses, spelling, word order.

1 Before you start, check – how many questions are there?

How much _____

2 Read each question carefully and look at _____

3 Leave time to check your answers _____

4 In the writing exam, think about things to check, for example:

_____

5 If a question is very hard, don't panic! Try to answer (or guess!),

then _____

6 Answer all the questions because no answer means _____

3 You also know tips for *Speaking, Reading, Writing* and *Listening*!
Look at the Portfolio pages 28 and 30. Write two tips for each – in German:

Speaking Tips

_____

_____

_____

Reading Tips

_____

_____

_____

Writing Tips

_____

_____

_____

Listening Tips

_____

_____

_____